JOHN C. MAXWELL
JIM DORNAN

COMO TORNAR-SE UMA PESSOA DE INFLUÊNCIA

COMO CAUSAR IMPACTO POSITIVO NA VIDA DE OUTRAS PESSOAS

CPAD

Título do original em inglês: *Becoming a person of influence*
Nashville, Tennessee, USA
Primeira edição em inglês: 1997
Tradução: Degmar Ribas
Preparação de texto: Geremias do Couto
Revisão: Alexandre Coelho
Projeto gráfico: Eduardo Souza
Editoração eletrônica: Oséas Felicio Maciel

CDD: 253-Lideranca
ISBN: 85-263-0293-0

Casa Publicadora das Assembléias de Deus
Caisa Postal 331
20001-970, Rio de Janeiro, RJ, Brasil
1º edição/2000

Sumário

Agradecimentos

Há pessoas especiais em nossas vidas cujo encorajamento e assistência tornaram este livro possível:

A Margaret Maxwell, cujo apoio positivo propiciou que seu marido se tornasse uma pessoa influente.

A Nancy Dornan, uma incrível influenciadora para seu marido, sua família e centenas de milhares de pessoas pelo mundo.

A Mea Brink, por suas idéias e assistência neste projeto.

A Stephanie Wetzel, por seu trabalho de revisão e edição.

A Linda Eggers, a melhor assistente que alguém pode ter.

A Charlie Wetzel, nosso redator, por sua parceria neste livro.

Prefácio dos autores

Quando nós dois nos conhecemos há alguns anos, percebemos imediatamente o elo que havia entre nós, quase como entre irmãos. Tínhamos tanto em comum — apesar de formações muito diferentes. Jim passou os últimos trinta anos no ambiente de negócios, ensinando pessoas a tornarem-se bem sucedidas. Neste processo construiu uma organização mundial de negócios. Por outro lado, John passou os últimos vinte e oito anos trabalhando em um ambiente sem fins lucrativos como pastor, um executivo denominacional trabalhando na área de discursos motivacionais. É reconhecido como um dos melhores técnicos em liderança, desenvolvimento e crescimento pessoal nos Estados Unidos.

O que temos em comum é a compreensão de pessoas e do impacto positivo que a vida de uma pessoa pode ter sobre outras. Tudo isto tem um resultado: influência. Conhecemos o poder da influência e queremos compartilhá-lo com você.

Então, por favor, junte-se a nós e continue lendo. Vamos dar-lhe muito de nossa inspiração, contar algumas histórias bem-humoradas e informativas, e compartilhar princípios poderosos como dinamite que têm o poder de mudar a sua vida e a das pessoas que você pode influenciar.

Introdução

Quando você era criança, o que queria ser quando crescesse? Sonhava tornar-se um famoso pregador ou cantor? Presidente do Brasil? Talvez quisesse tornar-se um rico empresário ou uma das pessoas mais bem-sucedidas do mundo. Todos temos sonhos e ambições. Sem dúvida, você alcançou alguns dos seus. Mas não importa o quão bem-sucedido seja agora, ainda há sonhos e metas esperando para serem realizados. Nosso desejo é ajudá-lo a realizar esses sonhos e desenvolver o seu potencial.

Vamos começar fazendo uma pequena experiência. Veja a lista de pessoas a seguir. É um grupo bastante diverso, porém todos têm uma característica em comum. Veja se você pode identificá-la.

JOHN GRISHAM
GEORGE GALLUP
ROBERT E. LEE
GETÚLIO VARGAS
ALINE BARROS
EDSON ARANTES DO NASCIMENTO
JAMES DOBSON
DAN RATHER
DENNIS RODMAN
ANTONIO GILBERTO
JERRY E PATTY BEAUMONT
NILSON DO AMARAL FANINI
DEOSDETH DA SILVA RODRIGUES
MADRE TERESA
ABRAÃO DE ALMEIDA
ORLANDO BOYER
PABLO PICASSO
ADOLF HITLER
JOSÉ WELLINGTON BEZERRA DA COSTA
BILL CLINTON
JOHN WESLEY
CHARLES SPURGEON
ARNOLD SCHWARZENEGGER

Não obtemos instantaneamente o poder de influenciar. Ele é gradativo.

Identificou? O que eles têm em comum? Certamente não são as profissões. Os nomes foram tirados de listas de escritores e estadistas, figuras do esporte e artistas, evangelistas e pastores, políticos e ditadores, atores e profissionais de negócios. Homens e mulheres estão incluídos. Alguns são solteiros e outros casados. Têm idades diferentes. Alguns já morreram. Diversos grupos étnicos e nacionalidades estão representados. Algumas dessas pessoas são famosas e você provavelmente reconheceu seus nomes. Mas sem dúvida nunca ouviu falar sobre outras. Então qual é a chave? O que todas têm em comum? A resposta é que cada uma delas é uma pessoa influente.

Todas as Pessoas Têm Influência

Criamos essa lista quase ao acaso, selecionando pessoas bastante conhecidas, bem como outras do nosso dia-a-dia. Você pode facilmente fazer o mesmo. Nosso propósito foi destacar o seguinte ponto: Cada pessoa é um agente influenciador de outra. Não importa quem você seja ou qual a sua ocupação. Um político, como o presidente dos Estados Unidos, tem uma influência enorme sobre centenas de milhões de pessoas, não apenas em seu próprio país mas em todo o mundo. Artistas, como Madonna e Arnold Schwarzenegger, freqüentemente influenciam uma geração inteira de pessoas em uma ou mais culturas. Um professor, como Orlando Boyer, que ensinou Antonio Gilberto e dezenas de outros jovens na escola bíblica dominical, toca a vida de seus alunos e também influencia indiretamente todas as pessoas que estes virão a influenciar.

Mas você não precisa estar em posição de destaque para ser uma pessoa influente. De fato, se a sua vida, de alguma forma, interage com outras pessoas, você as influencia. Tudo o que você faz em casa, na igreja, no seu trabalho ou socialmente tem impacto na vida de outros. O poeta e filósofo americano Ralph Waldo Emerson disse: "Todo homem é um herói e oráculo para alguém; e para essa pessoa, tudo o que ela diga tem valor agregado".

Se o seu desejo é ser bem sucedido ou causar impacto positivamente no seu mundo, precisa tornar-se uma pessoa de infuência. Sem isso não há sucesso. Por exemplo, se você é um vendedor querendo expandir suas vendas, é necessário influenciar os clientes. Se você é um gerente, seu sucesso depende da habilidade em influenciar os funcionários. Se você é um pastor, sua habilidade de alcançar pessoas e gerar crescimento para a igreja depende do quanto você é capaz de influenciar a congregação. Se deseja construir uma família forte e saudável, precisa ser capaz de influenciar positivamente a esposa e os filhos. Não importa quais sejam suas metas ou o que você deseja realizar. Tudo será alcançado mais rapidamente, você poderá ser mais eficaz e a sua contribuição mais duradoura se aprender a ser uma pessoa que influencia.

Se a sua vida,
de alguma forma,
interage com outras pessoas,
você as influencia.

Uma história divertida sobre o impacto da influência ocorreu durante a administração do presidente americano Calvin

Coolidge. Um convidado que pernoitou na Casa Branca estava tomando o café da manhã com Coolidge e queria causar-lhe boa impressão. Percebeu então que o presidente, após servir-se, derramou um pouco do conteúdo da xícara no pires e adicionou açúcar e leite a gosto. Não querendo quebrar nenhuma regra de etiqueta, o visitante, da mesma forma, repetiu o ritual nos mínimos detalhes. Esperou então o próximo movimento de Coolidge. Ficou apavorado ao vê-lo colocar o pires no chão para o gato. Ninguém relatou o que o visitante fez em seguida.

Seu Poder de Influenciar Não É Igual com Todas as Pessoas

A influência é algo curioso. Mesmo causando impacto a praticamente todas as pessoas ao redor, o nosso nível de influência não é o mesmo com todos. Para ver esse princípio em ação, tente dar ordens ao cão de seu melhor amigo da próxima vez que o visitar.

Talvez você ainda não tenha pensado muito sobre o assunto, mas sabe instintivamente quais as pessoas influencia bastante e quais não. Por exemplo, pense em quatro ou cinco colegas de trabalho: quando você lhes apresenta uma idéia ou sugestão, todos reagem da mesma maneira? Claro que não. Um pensará que todas as suas idéias são inspiradas. Outro poderá ver com ceticismo tudo o que você diz (sem dúvida, é possível identificar aquele que você influencia). No entanto, a mesma pessoa cética pode amar todas as idéias apresentadas pelo chefe ou por um de seus colegas. Isso mostra que a sua influência junto a essa pessoa não é tão forte como a de outros.

Quando começar a prestar atenção às respostas dadas a você e a outros, verá que as pessoas respondem de acordo com os níveis de influência de cada um sobre elas. Assim, você reconhecerá rapidamente quanta influência exerce, bem como há de perceber os seus vários níveis com a própria família. Se é casado e tem dois ou mais filhos, pense em como eles interagem com você. Um talvez lhe corresponda de forma especialmente boa, enquanto outro está mais próximo de seu cônjuge. Essa questão tem a ver com qual dos dois exerce maior influência sobre a criança.

Estágios de Influência e Seus Impactos

Se você leu o livro *Developing the Leader Within You*, de autoria de John, então provavelmente se lembra da descrição dos cinco níveis de liderança contidos no capítulo 1. Visualmente parece o seguinte:

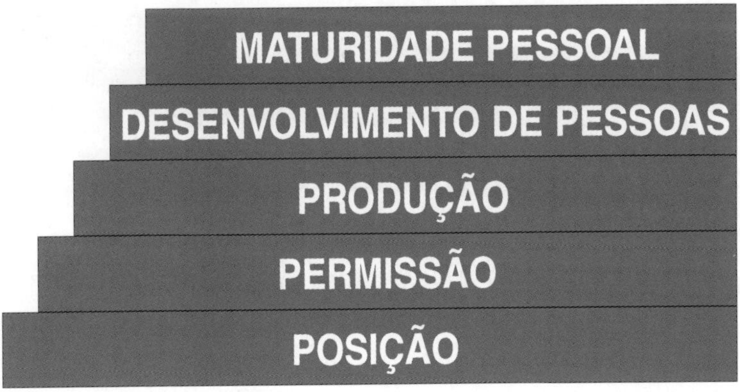

A liderança (que é uma aplicação específica de influência) encontra-se em seu nível mais baixo quando baseada apenas na posição ocupada. Ela cresce e passa a um nível superior à medida que o líder desenvolve relacionamentos com outras pessoas. É quando obtém permissão para liderar além dos limites da descrição do cargo. Mas quando a equipe, unida, torna-se mais produtiva no trabalho, a liderança passa ao nível três. A partir do momento em que o líder começa a desenvolver os liderados, ajudando-os a alcançar o seu potencial, a liderança se move para o nível quatro. Apenas alguns atingem o nível cinco porque isto requer que o líder passe a vida conduzindo os demais ao seu potencial máximo.[1]

A influência funciona da mesma maneira. Não a obtemos instantaneamente. Ao contrário, ela cresce em estágios. Visualmente parece o seguinte:

Vamos considerar cada nível:

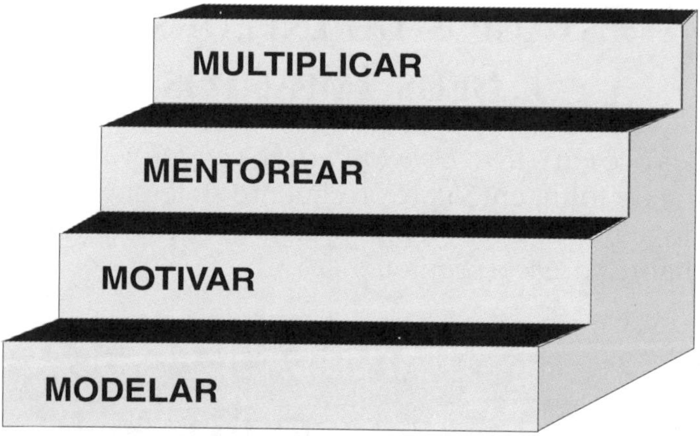

Nível 1: Modelando

As pessoas são primeiramente influenciadas pelo que vêem. Se você tem crianças provavelmente já observou isto. Não importa o que você diga a elas que façam, sua inclinação natural é fazer o que vêem. Se as pessoas, em sua maioria, percebem que você é positivo e confiável, e tem qualidades admiráveis, então lhe buscarão como influenciador de suas vidas. E quanto melhor lhe conhecerem, mais você terá credibilidade e maior se tornará a sua influência – se gostarem do que virem.

Uma exceção interessante a esse padrão ocorre no caso de celebridades. Em virtude do predomínio da mídia, muitas pessoas são fortemente influenciadas por outras com quem nunca se encontraram. Freqüentemente, porém, essa influência é exercida não pelo que o indivíduo é em si, mas pela sua imagem. Ela nem sempre é a representação exata daquela atriz, daquele político, do desportista ou do apresentador. Contudo, muita gente admira essa pessoa e é influenciada pelas ações e atitudes que acredita que ela representa.

Você pode ser um modelo para muitos, mas para atingir os mais altos níveis de influência é necessário trabalhar com pessoas individualmente.

Nível 2: Motivando

A modelação pode ser uma poderosa influência, tanto positiva como negativamente. É algo que se pode fazer mesmo à distância. Mas se você deseja causar impacto realmente significante na vida de outras pessoas, é necessário fazê-lo de perto. Isso o leva ao segundo nível de influência: a motivação.

Você se torna um influenciador motivacional quando encoraja pessoas e se comunica com elas em nível emocional. Esse processo conduz a duas situações: (1) Cria uma ponte entre você e as pessoas, e (2) constrói nelas o senso de confiança e auto-estima. Quando elas se sentem bem em relação a você e a si mesmas durante os momentos em que estão juntos, então o seu nível de influência aumenta significativamente.

Nível 3: Mentoreando

Quando se alcança o nível motivacional de influência, pode-se perceber o impacto positivo na vida de outros. Para aumentar esse impacto e torná-lo duradouro, é necessário mover-se para o próximo nível de influência, que é trabalhar como mentor.

Trabalhar como mentor é dedicar a própria vida à outras pessoas, ajudando-as a alcançar seu potencial. O poder do trabalho do mentor é tão forte que torna possível ver a mudança na vida das pessoas que estão sendo influenciadas.

À medida que o mentor dá de si mesmo, ajudando as pessoas a superarem os obstáculos e lhes mostrando como crescer pessoal e profissionalmente, elas tornam-se capazes de alcançar um nível de vida completamente novo. O mentor pode verdadeiramente fazer diferença para essas pessoas.

Nível 4: Multiplicando

O nível mais alto de influência é o da multiplicação. Como influenciador multiplicador, você ajuda as pessoas a tornarem-se influenciadoras positivas na vida de outros e passar adiante não apenas o que receberam de você, mas também o que aprenderam por si mesmos. Poucos atingem o quarto nível de influência, mas todos temos esse potencial. Requer desprendimento de ego, generosidade e compromisso. Também requer tempo. Para mover-se um nível acima no processo de influenciar pessoas, é necessário dar-lhes mais atenção individual. É possível ser um modelo para as massas, porém, para atingir os níveis mais altos de influência, é necessário trabalhar com pessoas individualmente.

Bill Westafer, um amigo de John, que anteriormente trabalhou na igreja Skyline, em San Diego, observou: "Há pessoas cujos sentimentos e bem-estar estão sob minha influência. Nunca me verei livre desse fato". Esse é um bom conceito para termos em mente. Quando você lidera muitas pessoas ou quando exerce posição de destaque, grande é a responsabilidade porque maior é a influência. O que você diz e, mais importante, o que você faz, torna-se modelo para os seus seguidores. As ações deles refletirão a sua influência.

Sua Influência pode Ser Positiva ou Negativa

Agora que você já reconhece a sua influência sobre os outros, deverá pensar em como utilizá-la. Provavelmente já percebeu que Dennis Rodman, jogador de basquetebol profissional nos Estados Unidos, faz parte da lista de influenciadores no início da introdução deste livro. Muitas vezes ouvimos Dennis Rodman dizer que não quer ser um modelo de conduta. Quer apenas ser ele mesmo. Dennis não compreende (ou se recusa a reconhecer) que já é um modelo de conduta. Não é algo de que possa declinar. Ele é um exemplo para os familiares, vizinhos, e as lojas onde faz compras são valorizadas pela vizinhança. Devido à profissão que escolheu, é um modelo para milhões de pessoas, muito mais do que se tivesse escolhido, por exemplo, a profissão de mecânico. Ele está influenciando outros e já escolheu o tipo de influência que está exercendo.

Mesmo que, no passado, sua influência tenha tido efeito negativo sobre outras pessoas, poderá mudar de direção e passar a causar impacto positivamente.

O legendário jogador de Baseball, Jackie Robinson, comentou: "Uma vida não tem sentido se não causar impacto em outras vidas". O impacto de Robinson sobre as pessoas nos Estados Unidos tem sido incrível. Em meados de 1940 ele se tornou o primeiro atleta afro-americano a jogar na liga maior de baseball, apesar do preconceito, da zombaria racial, das ofensas e ameaças de morte. E o fez com caráter e dignidade. Brad Herzog, autor de "The Sports 100", identificou Robinson como a pessoa mais influente na história do esporte americano:

> Primeiro, há aqueles que mudaram a maneira de jogar... Depois há os homens e mulheres cuja presença e performance alteraram para sempre, de maneira fundamental, a cena esportiva... Finalmente, há as admiráveis figuras do esporte cuja influência transcendeu os campos e impressionou a cultura americana... Robinson, mais do que qualquer outro, representou os três tipos em um só jogador.[2]

Martin Luther King Jr, um dos mais influentes americanos do século vinte, reconheceu o impacto positivo que Jackie Robinson causou em sua vida e na causa pela qual lutou. King disse ao afro-americano Don Newcombe, pioneiro do baseball: "Você nunca imaginará o quanto você, Jackie e Roy (Campanella) contribuíram para que o meu trabalho se tornasse possível".

Na maior parte do tempo indentificamos a influência que exercemos sobre aqueles que estão próximos – para bem ou mal. Mas algumas vezes não percebemos o impacto que podemos ter sobre outras pessoas à nossa volta. O autor anônimo do seguinte poema, de tradução livre, provavelmente tinha isso em mente quando escreveu:

Minha vida tocará uma dezena de vidas antes do findar deste dia,
Deixará incontáveis marcas para o bem ou para o mal antes do entardecer,
Esse é o meu constante desejo, minha freqüente oração;
Senhor, que minha vida ajude outras vidas que ela tocar durante meu caminhar.

À medida que você interagir hoje com a sua família, seus colegas de trabalho ou com os funcionários de uma loja, tenha em mente que a sua vida toca a vida de muitos outros. Certamente a sua influência sobre os familiares é maior do que sobre os estranhos que você encontra. Se você exerce posição de destaque, influencia pessoas que não conhece. Mas mesmo em suas interações diárias você causa impacto. Poderá, então, fazer dos breves momentos em que interage com o caixa de um banco uma experiência miserável, ou poderá levá-lo a sorrir. A escolha é sua.

Influenciadores Positivos Adicionam Valor à outras Pessoas

À medida que uma pessoa alcança níveis mais altos de influência e se torna um influenciador ativo, pode se começar a gerar uma influência positiva nas pessoas e adicionar valor às suas vidas. Isto é real para todo influenciador positivo. A babá que lê para uma criança a encoraja a amar os livros e a ajuda a se tornar uma aprendiz por toda a sua vida. O professor que dedica a sua fé, confiança e amor a uma pequena aluna, ajuda-a a sentir-se bem sobre si mesma e valorizada. A chefe que delega tarefas a seus funcionários dando-lhes autoridade bem como responsabilidade, aumenta os horizontes deles e lhes proporciona a oportunidade de se tornarem melhores profissionais e pessoas. Os pais que sabem como e quando agradar a seus filhos, ajudam-nos a permanecer abertos e comunicativos, mesmo durante a adolescência. Todas essas pessoas adicionam valores duradouros à vida de outras pessoas.

Não sabemos que tipo de influência você exerce na vida de outras pessoas hoje, ao ler este livro. Talvez suas atitudes toquem a vida de milhares de pessoas. Ou talvez influencie apenas dois ou três colegas e sua família. O número de pessoas não é o mais importante. O fato crucial a lembrar é que o seu nível de influência não é estático. Mesmo que tenha tido no passado um efeito negativo sobre outras pessoas, poderá mudar de direção e passar a causar impacto positivamente. E se o seu nível de influência tem sido relativamente baixo até agora, poderá aumentá-lo e tornar-se uma pessoa influente que ajuda a outras.

De fato este é o tema deste livro. Queremos ajudá-lo a tornar-se uma pessoa de alta influência, não importando em que estágio da vida esteja ou as atividades que desempenhe. Você poderá ter um impacto incrivelmente positivo sobre a vida de outros. Poderá acrescentar um tremendo valor à vida deles.

Quem Está na Lista de Influência?

Cada um poderia sentar-se e listar as pessoas que adicionaram valor à vida dele ou dela. Comentamos que a lista contida na introdução deste livro contém nomes de algumas pessoas que nos influenciaram. Alguns destes nomes são grandes. Por exemplo, John considera o evangelista John Wesley, do século dezoito, como uma influência significativa para sua vida e carreira. Wesley era um líder dinâmico, pregador e crítico social. Durante a sua vida, ele revolucionou a igreja cristã na Inglaterra e na América, e seus pensamentos e ensinos continuam a influenciar o funcionamento das igrejas bem como a fé dos cristãos até hoje. John considera que Wesley foi a personalidade mais importante que viveu após o apóstolo Paulo.

Outras pessoas mencionadas na lista não são bem conhecidas, mas isto não reduz seu nível de influência. Por exemplo, Jerry e Patty Beaumont tiveram um profundo impacto na vida de Jim e sua esposa Nancy. Aqui está a estória deles :

Nancy e eu conhecemos Jerry e Patty há quase 25 anos, quando Nancy e Patty estavam grávidas. Os Beaumont eram um casal de classe realmente defini-

dos e confiantes. Fomos imediatamente atraídos por eles porque aparentavam ter suas vidas realmente ligadas, e observamos que viviam suas fortes convicções espirituais com integridade e consistência.

Nancy conheceu Patty na sala de espera de seu médico ginecologista. Surgiu ali o início da construção de um relacionamento. Não imaginávamos o quanto sua amizade significaria para nós alguns meses mais tarde, quando nossa vida sofreu uma reviravolta.

Nancy e eu recordamos agora aqueles dias como um bom período em nossa vida. Nossa filha, Heather, tinha cinco anos de idade, e estávamos realmente apreciando-a. Estávamos também dando início ao nosso negócio, dispendendo muito tempo e vigor para mantê-lo, mas era agradável. Começamos a perceber que todo o nosso trabalho teria uma recompensa futura.

Quando Nancy me disse que estava grávida fiquei estático. Significava que nossa pequena família estava prestes a crescer, e esperávamos que nosso segundo filho fosse um menino.

Após nove meses de uma gestação normal, Nancy deu à luz nosso primeiro filho homem, Eric. A princípio, tudo parecia normal. Porém, poucas horas depois, os médicos descobriram que Eric nasceu com alguns problemas físicos muito sérios. Suas costas estavam abertas e sua medula espinhal não havia se formado adequadamente. Nos disseram que seu quadro era de espinha bífida. Para piorar as coisas, o líquido de sua espinha foi infectado durante o parto, e por esta razão estava sofrendo uma severa meningite sistêmica.

Parecia que toda a nossa vida fora lançada em um caos. Após o período de trabalho de parto de Nancy, estávamos exaustos e confusos. Nos disseram que Eric necessitava uma cirurgia cerebral e tínhamos que decidir imediatamente. Sem esta cirurgia ele não teria a mínima chance. Mesmo permitindo a cirurgia, parecia não haver muitas esperanças. Chorávamos enquanto preparavam nosso pequeno filho nascido a apenas algumas horas e o transportavam para o hospital infantil

"Children's Hospital", para uma cirurgia cerebral de emergência. Tudo o que podíamos fazer era orar para que ele pudesse ser bem sucedido.

Esperamos por horas até que finalmente os médicos saíram e nos disseram que Eric sobreviveria. Ficamos abalados ao vê-lo após a cirurgia. Imaginamos como alguém tão pequeno poderia ter tantos fios ligados a si. A abertura em suas costas foi fechada, mas pudemos ver que durante a cirurgia havia sido implantado um tubo em seu cérebro para drenar o excesso de líquido da espinha e aliviar a pressão.

O primeiro ano de vida de Eric foi para nós nublado pois repetidamente teve que ser internado no hospital infantil. Durante os primeiros nove meses ele passou por mais onze cirurgias, e três delas aconteceram em um único final de semana. As coisas estavam acontecendo tão rapidamente que ficamos prostrados, e não podíamos sequer compreender o que teríamos que enfrentar no futuro.

Enquanto tentávamos sobreviver às jornadas ao hospital durante as madrugadas e suportar a dor e o medo por Eric, imagine quem caminhava ao nosso lado e nos ajudava a sobreviver a cada dia destes? Jerry e Patty Beaumont. Tinham vindo ao hospital no primeiro dia de vida de Eric e nos confortaram e encorajaram enquanto ele estava na sala de cirurgia. Nos traziam comida e se sentavam com Nancy e comigo nas salas de espera do hospital. Durante todo o tempo compartilharam conosco sua incrível fé.

O mais importante, nos ajudaram a crer que Deus tinha um plano especial para Eric e nós. "Sabe", Patty disse a Nancy um dia: "Você e o Jimmy podem fazer dos problemas do Eric o centro de tudo o que vocês fazem, ou vocês podem usá-los como uma plataforma para uma maneira completamente nova de encarar a vida".

Foi aí que mudamos a direção de nossa vida. Começamos a olhar além de nossas circunstâncias e vimos que havia um horizonte maior. Entendemos que Deus

tinha um plano para nós e para o Eric, e nossa fé nos deu força e paz. Os Beaumonts nos ajudaram a considerar e responder a algumas das mais importantes questões da vida. A partir daquele dia todas as nossas atitudes mudaram completamente e passamos a ter uma grande esperança.

Isso aconteceu há mais de duas décadas. Jim e Nancy perderam o contato com os Beaumonts mesmo após esforços para encontrá-los. Eric cresceu e se movimenta muito bem com sua cadeira de rodas elétrica apesar de ter passado por uma situação difícil durante uma das cirurgias. Ele é uma fonte constante de alegria, inspiração e humor para a família Dornan. E embora seu contato com Jerry e Patty Beaumont tenha durado apenas cerca de um ano, Jim e Nancy reconhecem o tremendo valor que eles lhes adicionaram e ainda os consideram dois dos maiores influenciadores de suas vidas.

Hoje Jim e Nancy são pessoas influenciadoras. Seus negócios têm se expandido para mais de vinte e seis países em todo o mundo: Da Europa Oriental ao Pacífico, do Brasil e Argentina à China. Através de seminários, fitas e vídeos eles influenciam centenas de milhares de indivíduos e famílias a cada ano. Seus negócios continuam a crescer. Porém o mais importante para eles é que estão compartilhando seus fortes valores e fé com as pessoas que estão influenciando. Estão fazendo todo o possível para adicionar valor à vida de cada pessoa com quem têm contato.

Recentemente, John esteve conversando com Larry Dobbs. Ele é o editor e presidente da Editora Dobbs, que produz revistas como Mustang Monthly, Corvette Fever e Musclecar Review. Conversaram sobre o tema influência e Larry compartilhou um pouco de sua história : "John, meu pai trabalhava na agricultura, e nunca teve muito. Quando morreu, o único dinheiro que me deixou foi um dólar. Mas ele me deu muito mais que isso. Ele me transmitiu seus valores". Então Larry disse algo muito pessoal : "A única herança de valor eterno que um homem pode deixar é a sua influência".

Não sabemos quais são seus sonhos na vida ou qual é o tipo de herança que quer deixar. Mas se quiser causar impacto terá que tornar-se um homem ou uma mulher capaz de influenciar a outros. Não há outra maneira de tocar efetivamente a vida das pessoas. E se você se tornar uma pessoa influenciadora, talvez algum dia quando outras pessoas escreverem os nomes de quem fez diferença em suas vidas seu nome certamente estará na lista.

1

Uma pessoa de influência ...

Trata as Pessoas com Integridade

Há alguns anos, por ocasião de uma viagem de negócios à Europa com minha esposa, Nancy, comemoramos o seu aniversário em Londres. Como presente, decidi levá-la a uma botique e comprar-lhe uma ou duas roupas.

Ela provou várias peças e gostou de todas. Enquanto estava no provador decidindo qual escolher, eu disse à vendedora que compraria todo o lote. Nancy tentou protestar; sentiu-se embaraçada por comprar tantas roupas de uma só vez, porém insisti. Ambos sabíamos que faria bom uso delas. Além do que, todas ficaram-lhe muito bem.

Alguns dias depois tomamos o longo vôo do aeroporto Heathrow, em Londres, para o Aeroporto Internacional de São Francisco. Após a aterrissagem, tomamos a fila para a inevitável inspeção da alfândega. Quando nos perguntaram se tínhamos algo a declarar, falamos das roupas que Nancy comprara e quanto pagamos por elas.

"O que?", disse o agente. "Vocês estão declarando roupas?". Então leu a declaração que preenchemos e acrescentou: "Vocês devem estar brincando!" Realmente gastamos uma soma razoável com as compras, porém não imaginávamos que isso pudesse constituir-se em algum problema. "De que são feitas essas roupas?", perguntou.

Parecia uma pergunta estranha. "Uma porção de coisas", respondeu Nancy. "Lã, algodão, seda. São todas diferentes. Há vestidos, casacos, blusas, sapatos, cintos, acessórios. Por quê?"

"Cada tipo de tecido está sujeito a diferentes valores de impostos", respondeu. "Terei que chamar meu supervisor. Nem mesmo conheço quais são os valores das taxas nesse caso. Ninguém declara roupas". Ele parecia frustrado. "Sigam em frente, tirem tudo das malas e separem item por item de acordo com o tecido de que as roupas são feitas". Assim que abrimos nossas malas ele saiu e pudemos ouvi-lo dizer a outro agente: "Bobby, você nunca acreditaria nisso..."

Devemos ter levado cerca de 45 minutos para separar tudo e totalizar quanto gastamos por tipo de item. O imposto a pagar foi alto, cerca de dois mil dólares. Quando estávamos guardando tudo em nossas malas, o agente disse: "Sabe, acho que conheço vocês. Você não é Jim Dornan?"

"Sim", respondi. "Desculpe-me, já nos conhecemos?", eu não o reconheci. "Não", ele respondeu. "Mas tenho um amigo que faz parte de sua organização. Network 21, certo?" "Isto mesmo", retruquei.

"Sabe, já vi a sua foto", mencionou o agente. "Meu amigo me disse que eu seria beneficiado se fizesse parte de sua organização. Mas não dei muita atenção. Agora penso que devo considerar. Deve estar certo. Veja, a maioria das pessoas que vejo todos os dias tentam passar pela alfândega com todo o tipo de coisas sem pagar impostos, mesmo aquelas que deveriam conhecer melhor. Mas vocês estão declarando coisas com as quais poderiam passar sem problema algum. Sem dúvida, poderiam ter economizado muito dinheiro!"

"Isto pode ser verdade", respondeu Nancy, "Mas eu posso dispor de muito mais dinheiro para a alfândega, do que disporia sem uma consciência limpa".

Quando estávamos na fila naquele dia, não ocorreu nem à Nancy nem a mim que alguém ali nos conheceria. Se nossa intenção fosse fraudar a alfândega, nunca teríamos suspeitado que alguém nos pudesse reconhecer. Parecia que éramos anônimos. E penso que é o que muita gente imagina quando corta caminho na vida. "Quem ficará sabendo?", dizem a si mesmos. Mas a verdade é que as outras pessoas sabem. Cônjuge, filhos, amigos, colegas de trabalho, todos sabem. E o mais importante, mesmo que esconda muito bem seus caminhos, e as pessoas não saibam o que se está passando, você sabe! E você não quer perder ou vender sua integridade por nenhum preço.

A experiência de Jim com o agente da alfândega é apenas um pequeno exemplo de como as pessoas pensam atualmente quando o assunto é integridade. Quando elas são confrontadas por um exemplo de caráter honesto em ação – é triste dizer – demonstram ficar chocadas, porque são atitudes que parecem não ser mais normais. A decência comum já não é mais comum.

Genuína Integridade Não Está à Venda

Você pode detectar problemas de caráter surgindo em todas as áreas da vida. Poucos anos atrás, por exemplo, o financista Ivan Boesky descreveu publicamente a ganância como "uma coisa boa" durante discurso para os alunos da universidade de negócios UCLA. Esse raciocínio defeituoso colocou-o rapidamente em problemas. Quando vieram à luz suas práticas antiéticas em Wall Street, foi multado em cem milhões de dólares e preso por três anos. Recentemente noticiou-se que está financeiramente arruinado, vivendo de uma pensão da ex-mulher.

A carência de integridade, hoje, é talvez maior do que em todos os tempos. Ela é absolutamente essencial para qualquer pessoa que queira tornar-se um influenciador.

O governo igualmente não tem sido imune aos problemas da ausência de integridade. O Departamento de Justiça está processando funcionários do serviço público como nunca dantes, e recentemente anunciou com orgulho a condenação de 1100 em um ano – um recorde dúbio.

Aonde quer que se olhe, vêem-se exemplos de quebra de conduta moral. Pregadores da TV caem moralmente; mães afogam seus filhos; atletas profissionais são encontrados com drogas e prostitutas em quartos de hotel. A lista continua crescendo. Parece que muitas pessoas vêem a integridade como uma idéia antiquada, algo consome ou não mais aplicável a elas em um mundo que se consome a passos rápidos. Mas a necessidade de integridade, hoje, é talvez maior do que em todos os tempos. Ela é absolutamente essencial para qualquer pessoa que queira tornar-se um influenciador.

Em seu best seller *The Seven Habits of Highly Effective People*, Stephen Covey escreveu sobre a importância da integridade para o sucesso pessoal:

> Se eu tentar utilizar estratégias e táticas humanas, visando que outras pessoas façam o que quero, para trabalhar melhor, para serem mais motivadas, para gostarem de mim e uns dos outros – enquanto meu caráter é fundamentalmente defeituoso, marcado por duplicidade ou falta de sinceridade – então, a longo prazo não poderei ser bem-sucedido. Minha duplicidade causará desconfiança, e o que quer que faça – mesmo utilizando as chamadas boas técnicas humanas de relacionamento – será percebido como manipulação.
>
> Simplesmente não faz diferença o quão boa seja a retórica ou mesmo quão boas sejam as intenções; se há pouca ou nenhuma confiança, não há alicerce para o sucesso permanente. Apenas a bondade fundamental dá vida à técnica.[1]

A integridade é crucial para os negócios e para o sucesso pessoal. Um estudo conjunto conduzido pela UCLA Graduate School of Management e pela Korn/Ferry International da cidade de Nova York pesquisou 1300 executivos-sênior. Setenta e um por cento deles disseram que a integridade é a virtude mais necessária para o sucesso nos negócios. E um estudo do Center for Creative Research descobriu que, embora muitos erros e obstáculos possam ser superados por alguém que queira alcançar uma posição no topo de uma organização, tal pessoa quase nunca é capaz de mover-se dentro daquela estrutura se tiver sua integridade comprometida por trair a confiança de outros.

A Integridade se Impõe até mesmo no Trato com as Pequenas Coisas

Assim como a integridade é importante para o sucesso do negócio, é ainda mais crítica se a pessoa deseja tornar-se um influenciador. É o alicerce sobre o qual muitas outras qualidades são construídas, tais como respeito, dignidade e confiança. Se o alicerce da integridade for fraco ou danificado em sua essência, é impossível tornar-se um influenciador. Conforme destacado por Cheryl Biehl, "uma das verdades da vida é que se não se pode confiar em uma pessoa sob todos os aspectos, não se poderá confiar nela em nenhum aspecto". Mesmo as pessoas que são capazes de esconder a sua falta de integridade por determinado tempo experimentarão eventuais fracassos, e a influência que tenham conseguido temporariamente desaparecerá.

Pense na integridade como trazendo benefícios similares aos do alicerce de uma casa durante forte tempestade. Se o alicerce for sólido, resistirá. Porém, havendo rachaduras, a força da tempestade aprofundá-las-á até a base – e então toda a casa vai desmoronar-se sob a pressão.

A integridade é a virtude mais necessária para o sucesso nos negócios.

Por essa razão é crucial manter a integridade tomando cuidado com as coisas pequenas. Muitas pessoas confundem isso. Pensam que podem fazer o que quiserem quando se trata de coisas pequenas pois crêem que desde que não tenham maiores lapsos, estarão indo bem. Mas não é assim que as coisas funcionam. O dicionário *Webster's New Universal Unabridged Dictionary* descreve a integridade como sendo "a aderência aos princípios morais e éticos; solidez do caráter moral; honestidade". Princípios éticos não são flexíveis. Uma pequena mentirinha branca ainda é uma mentira. Roubo é roubo – seja $1 ou $1000 ou $1 milhão. A integridade se compromete com o caráter acima do ganho material, com pessoas acima das coisas, com o servir acima do poder, com os princípios acima da conveniência, com a visão de longo prazo acima do imediatismo. O clérigo do século dezenove, Phillips Brooks, manteve: "O Caráter é formado nos menores momentos de nossa vida". Toda vez que uma pessoa quebra um princípio moral, cria-se uma pequena rachadura no alicerce da integridade. E em ocasiões duras, torna-se mais difícil agir com integridade, e não mais fácil. O caráter não é formado em momentos de crise; ele apenas se manifesta. Tudo o que você fez no passado – e as coisas que negligenciou fazer – culminam quando você está sob pressão.

O desenvolvimento e manutenção da integridade requerem constante atenção. Josh Weston, Chairman e CEO da Automatic Data Processing Inc. diz: "Sempre procurei viver com a seguinte regra simples : 'Não faça coisas que lhe trariam desconforto se fossem publicadas nos jornais do dia seguinte'". Esse é um bom padrão que todos deveríamos manter.

Integridade É um Trabalho Interior

Uma das razões pelas quais muitas pessoas enfrentam lutas por questões de integridade, é que tendem a olhar para fora de si mesmas para explicar deficiências de caráter. Porém o desenvolvimento da integridade é um trabalho interior. Veja a seguir três verdades a respeito de integridade que contrariam o pensamento comum:

1. *A integridade não é determinada pelas circunstâncias*

Alguns psicólogos e sociólogos da atualidade dizem que muitas pessoas de caráter pobre não seriam assim se houvessem sido criadas em um ambiente diferente. É verdade que a criação e circunstâncias afetam nossa formação, especialmente durante a juventude. Porém, à medida que nos tornamos mais velhos, mais escolhas fazemos – para bem ou mal. Duas pessoas podem crescer em um mesmo ambiente, na mesma família, e uma ter integridade e a outra não. Finalmente, você é responsável por suas escolhas. As circunstâncias são responsáveis por seu caráter assim como um espelho por seus olhares. O que você vê apenas reflete o que você é.

2. *A integridade não se baseia em credenciais*

Em tempos antigos, fabricantes de tijolos, escultores e outros artesãos utilizavam símbolos para marcar suas obras visando mostrar que eles eram os autores. O símbolo utilizado por cada um deles era o seu "caráter". O valor do trabalho era proporcional à habilidade com que o objeto fora feito. O caráter era valorizado somente se a qualidade do trabalho fosse alta. Em outras palavras, a qualidade da pessoa e seu trabalho transmitiam valor às suas credenciais. Se o trabalho fosse bom, assim era o caráter. Se fosse mal, o caráter era visto como pobre.

O mesmo é válido para nós hoje. O caráter vem de quem somos. Contudo, algumas pessoas gostariam de ser julgadas não pelo que são, mas pelos títulos que obtiveram ou pela posição que ocupam, independentemente da natureza de seu caráter. Seu desejo é influenciar outros, mais pelo peso de suas credenciais do que pela força de seu caráter. Mas credenciais nunca podem realizar o que o caráter pode. Veja algumas diferenças entre os dois :

Credenciais	**Caráter**
São transitórias	É permanente
Muda o foco para direitos	Mantém o foco em responsabilidades
Agrega valor a apenas uma pessoa	Agrega valor a muitas pessoas
Olha para realizações passadas	Constrói uma herança para o futuro
Provoca sempre inveja em outras pessoas	Gera respeito e integridade

Nenhum número de títulos, graus, deveres, designações, prêmios, licenças ou quaisquer outras credenciais podem substituir a correta integridade quando se trata de influenciar outras pessoas.

3. A integridade não deve ser confundida com a reputação

Algumas pessoas erroneamente enfatizam a imagem ou a reputação.

Ouça o que William Hersey Davis tem a dizer sobre a diferença entre o caráter e a sua sombra, a reputação :

> *As circunstâncias em meio às quais você vive determinam a sua reputação...*
> *a verdade na qual você crê determina o seu caráter...*
> *A reputação é o que supõe-se que você seja;*
> *o caráter é o que você é...*
> *A reputação é a fotografia;*
> *o caráter é a face...*
> *A reputação é algo externo que alguém recebe;*
> *o caráter se desenvolve no interior do ser ...*
> *A reputação é o que você tem quando se junta a uma nova comunidade;*
> *o caráter é o que você tem quando a deixa ...*
> *Sua reputação é construída em um momento;*
> *seu caráter é construído ao longo de toda a vida...*
> *Sua reputação pode ser aprendida em uma hora;*

seu caráter não vem à luz em um ano...
A reputação cresce como um cogumelo;
o caráter permanece como a eternidade...
A reputação faz alguém rico ou pobre;
o caráter o faz feliz ou miserável...
A reputação é o que os homens declaram a seu respeito em sua lápide;
caráter é o que os anjos dizem a seu respeito diante do trono de Deus...

A boa reputação é certamente valiosa. O rei Salomão do antigo Israel declarou, "Um bom nome é mais desejável do que grandes riquezas".[2] Mas a boa reputação existe porque é o reflexo do caráter de uma pessoa. Se a boa reputação é como o ouro, então ter integridade é como ter a mina. Preocupe-se menos sobre o que os outros pensam, e dedique sua atenção a seu caráter interior. D. L. Moody escreveu: "Se eu tomar conta de meu caráter, minha reputação tomará conta de si mesma".

Se você luta por manter sua integridade, e está fazendo tudo corretamente na parte exterior – mas ainda está obtendo resultados contrários, alguma coisa está errada e ainda necessita ser mudada no seu interior. Considere as questões a seguir. Elas deverão ajudar-lhe a gravar as áreas que necessitam atenção.

PERGUNTAS PARA AJUDAR A MEDIR SUA INTEGRIDADE

1. Quão bem trato pessoas de quem não posso obter nenhum ganho?
2. Sou transparente com as outras pessoas?
3. Desempenho meu papel em função da (s) pessoa (s) com quem estou?
4. Sou a mesma pessoa quando estou no centro das atenções e quando estou sozinho?
5. Admito erros rapidamente sem ter que ser pressionado para isso?

6. Coloco outras pessoas adiante de minha agenda pessoal?

7. Tenho um padrão imutável para decisões de caráter moral, ou as circunstâncias determinam minhas escolhas?

8. Tomo decisões difíceis, mesmo quando elas trazem consigo um preço a pagar?

9. Quando tenho algo a dizer sobre as pessoas, falo para elas ou sobre elas?

10. Sou responsável, ao menos diante de uma outra pessoa, pelo que penso, digo ou faço?

Não se apresse para responder às perguntas. Se o desenvolvimento do caráter for uma séria área de necessidade em sua vida, sua tendência deverá ser passar superficialmente pelas questões, dando respostas que descrevem como você gostaria de ser ao invés de quem atualmente é. Tome tempo para refletir sobre cada questão, considerando-a honestamente antes de responder. Então trabalhe nas áreas onde está tendo a maioria dos problemas. E lembre-se disto:

> Muitos são bem-sucedidos momentaneamente pelos seus conhecimentos;
> Alguns são bem-sucedidos temporariamente pelo que fazem; mas
> Poucos são bem-sucedidos permanentemente pelo que são.

A estrada da integridade talvez não seja a mais fácil, mas é a única que o levará aonde você finalmente deseja ir.

A Integridade É a Sua Melhor Amiga

O estimado escritor americano do século dezenove Nathaniel Hawthorne ofereceu a seguinte inspiração: "Nenhum homem pode por um tempo considerável, usar uma face para si e outra para a multidão, sem finalmente ficar confuso sobre qual é a verdadeira". Cada vez que você compromete sua integridade, traz para si uma incrível quantidade de danos. Isso acontece porque a integridade realmente é a sua melhor amiga. Ela nunca o trairá ou o colocará em uma posição comprometedora. Ela mantém suas prioridades. Quando for tentado a tomar atalhos, lhe ajudará a permanecer no rumo certo. Quando outros lhe criticarem injustamente, ela lhe ajudará a prosseguir e tomar a estrada elevada de não revidar. E quando a crítica de outros for válida, a integridade lhe ajudará a aceitar o que está sendo dito, aprender dessa situação e continuar crescendo.

Abraham Lincoln declarou um certa vez: "Quando eu deixar as rédeas desta administração, quero ter um amigo. E este amigo está dentro de mim". Você poderia quase dizer que a integridade de Lincoln era a sua melhor amiga enquanto estava em seu escritório por ser tão viciosamente criticado. Aqui está uma descrição do que ele enfrentou conforme explicado por Donald T. Phillips :

> Abraham Lincoln foi caluniado, difamado e odiado talvez mais intensamente que qualquer homem no escritório mais importante da nação... Ele foi publicamente chamado por todo o nome imaginável pela imprensa diária, incluindo um grotesco babuíno, de advogado público de terceira categoria, que dividiu trilhos e agora divide os sindicatos, um anedotista grosseiro e vulgar, um ditador, um imitador, um bufão, e outros. O *Illinois State Register* o rotulou "O mais astuto e desonesto político que desgraçou um escritório na América...". Reprovações injustas e severas não decresceram após o juramento que Lincoln fez no escritório, e não vieram também dos simpatizantes do sul. Vieram de dentro dos próprios sindicatos, do congresso, de algumas facções do partido republicano e de dentro de seu próprio gabinete. Como presidente, Lincoln aprendeu que não importava o que fizesse, haveriam pessoas que não estariam satisfeitas.[3]

Apesar disso tudo, Lincon permaneceu um homem de princípios. E como Thomas Jefferson sabiamente disse: "Que Deus nos dê um homem de princípios para ser o nosso dirigente".

A Integridade é a Melhor Amiga do seu Amigo

A integridade é a sua melhor amiga. Ela também é uma das melhores amigas que os seus melhores amigos poderão ter. Quando as pessoas ao seu redor souberem que você é uma pessoa íntegra, saberão que você deseja influenciá-los por causa da oportunidade de adicionar valor às suas vidas. Eles não têm que se preocupar com os seus motivos.

Recentemente, vimos um desenho animado no New Yorker que mostrou quão difícil pode ser identificar os motivos de outras pessoas. Alguns porcos foram reunidos para ser alimentados, e o fazendeiro estava enchendo seus cochos até a borda. Um porco dirigindo-se aos outros, perguntou: "Vocês já imaginaram porque ele está sendo tão bondoso para conosco?". Uma pessoa íntegra influencia outras porque quer trazer-lhes algum benefício – e não colocá-los na mesa para seu próprio benefício.

Se você é torcedor de basketball, provavelmente se lembrará de Red Auerbach. Ele foi o presidente e gerente geral do *Boston Celtics* de 1967 a 1987. Ele realmente compreendeu como a integridade adiciona valor a outros, especialmente quando as pessoas estão trabalhando juntas em um time. Ele tinha um método de recrutamento diferente da maioria dos líderes dos times da NBA. Quando ele avaliava um possível jogador para o *Celtics*, sua primeira preocupação era o caráter do jovem. Enquanto outros tinham seu foco quase completamente nas estatísticas e performance individual, Auerbach queria conhecer a atitude do jogador. Ele tinha para si que o caminho da vitória era encontrar jogadores que dariam o melhor de si e trabalhariam em benefício do time. Jogadores extremamente habilidosos, porém, cujo caráter fosse fraco ou cujo desejo fosse apenas a promoção pessoal, não seriam realmente valiosos.

O Benefício da Integridade: Confiança

O resultado da integridade é que ela permite que outros confiem em você. Sem confiança não se tem nada. Confiança é o fator mais importante nas relações pessoais e profissionais. É a cola que mantém as pessoas juntas. É a chave para se tornar uma pessoa influenciadora.

A confiança atualmente é um bem cada vez mais raro. As pessoas têm se tornado cada vez mais desconfiadas e céticas. Bill Kynes expressou sentimentos de toda uma geração quando escreveu,

> "Pensamos que poderíamos confiar nos militares, mas então veio o Vietnã;
> Pensamos que poderíamos confiar nos políticos, mas então veio o Watergate;
> Pensamos que poderíamos confiar nos engenheiros, mas então veio o desastre da Challenger;
> Pensamos que poderíamos confiar nos corretores, mas então veio a segunda-feira negra;
> Pensamos que poderíamos confiar nos pregadores, mas então vieram PTL e Jimmy Swaggart.
> Então em quem posso confiar?"[4]

Houve um tempo em que podia se assumir que outros confiariam em você até que se desse motivo contrário. Mas hoje com a maioria das pessoas você deve primeiramente provar que merece confiança. Isso é o que faz a integridade ser tão importante se você deseja tornar-se uma pessoa que influencia. A confiança vem de outras pessoas, apenas quando se exemplifica um caráter sólido.

O caráter é formado nos pequenos momentos de nossa vida.
– Phillips Brooks

As pessoas hoje estão desesperadas por líderes, mas querem ser influenciadas apenas por indivíduos em quem possam confiar, pessoas de bom caráter. Se deseja tornar-se alguém capaz de influenciar positivamente outras pessoas, precisa desenvolver as seguintes qualidades de integridade e vivê-las todos os dias:

- **Consistência exemplar de caráter.** Uma confiança sólida pode ser desenvolvida somente quando as pessoas podem confiar em alguém todo tempo. Se elas nunca sabem instante após instante o que você fará, o relacionamento nunca se aprofundará a um nível sólido de confiança.
- **Utilize a comunicação de forma honesta.** Para ser confiável, é necessário ser como um bom compositor musical; sua letra e melodia devem estar em harmonia.
- **Transparência de valores.** As pessoas eventualmente perceberão seus defeitos, mesmo se você tentar escondê-los. Porém, se for honesto com as pessoas admitindo suas fraquezas, apreciarão sua honestidade e integridade. Serão capazes de relacionar-se melhor com você.
- **Seja um exemplo de humildade.** Não se confia em pessoas que se nota serem dirigidas pelo ego, inveja, ou que acreditam ser melhores que outras.
- **Demonstre suporte a outros.** Nada desenvolve ou mostra o caráter de alguém como o desejo de colocar os outros em primeiro lugar. Como diz nosso amigo Zig Ziglar, ajude as pessoas o suficiente para que tenham sucesso, e você também será bem sucedido.
- **Cumpra suas promessas.** Nunca prometa algo que não possa cumprir. Quando disser que fará algo, siga em frente. Uma maneira certa de quebrar a confiança de outros é falhar no cumprimento de seus compromissos.
- **Abrace a atitude de servir.** Fomos colocados nesta terra não para ser servidos, mas para servir. Dar de si mesmo e de seu tempo a outros mostra que você se importa com eles. O médico e missionário Wilfred T. Grenfell se firmou no seguinte pensamento: "O serviço que prestamos a outros é realmente o aluguel que pa-

gamos por nosso lugar nesta terra". Pessoas íntegras são doadoras, e não receptoras.

- ***Encoraje a participação em duas vias com as pessoas que você influencia.*** Quando você vive uma vida íntegra, as pessoas o ouvem e seguem. Lembre-se sempre de que o objetivo da influência não é a manipulação; é a participação. Apenas à medida que você inclui outros em sua vida com sucesso, será permanentemente bem sucedido.

Já foi dito que não se conhece realmente as pessoas até que se tenha observado como interagem com uma criança, quando o carro tem um pneu furado, quando o chefe não está presente, e quando pensam que ninguém jamais saberá. Porém, pessoas íntegras nunca precisam se preocupar com isso. Não importa onde estejam, com quem estejam, ou em qual tipo de situação se encontram, são consistentes e vivem seus princípios.

O Benefício da Confiança: Influência

Quando se ganha a credibilidade das pessoas, começa-se a ganhar sua confiança, e essa é uma das chaves para influenciar. O presidente Dwight D. Eisenhower expressou assim a sua opinião sobre esse tema: "Para ser um líder, é necessário ter seguidores. E para ter seguidores é necessário ter a confiança deles. Daí, inquestionavelmente, a suprema qualidade para um líder é a integridade. Sem ela, nenhum sucesso real é possível, em um grupo, em um campo de futebol, no exército ou em um escritório. Se os associados de alguém percebem que lhe falta sincera integridade, ele fracassará. Seus ensinos e atitudes devem ser coerentes. A primeira grande necessidade portanto é integridade e grandeza de propósitos".

Quando as pessoas começam a confiar em você, o seu nível de influência aumenta. É neste momento que você será capaz de causar impacto na vida delas. Mas é também a ocasião de ser cuidadoso porque o poder pode ser perigoso. Na maioria dos casos, as pessoas que ambicionam o poder provavelmente não o terão, aqueles que dele gostam provavelmente assim agem por razões erradas, e a maioria daqueles que querem tê-lo, constantemente não entendem que o poder é apenas temporário. Como disse Abraham Lincoln: "Quase todos os homens podem suportar a adversidade, mas se você quiser testar o caráter de um homem, dê a ele poder".

Poucas pessoas no mundo hoje tem tanto poder e influência como o presidente dos Estados Unidos. George Bush, o quadragésimo primeiro presidente da nação, tinha fortes crenças sobre o poder e aconselhou: "Use o poder para ajudar pessoas. O poder nos foi dado não para darmos andamento a nossos propósitos pessoais, nem para fazermos um grande show no mundo, nem tão pouco um nome. Há apenas uma única razão para o uso do poder, e essa é servir às pessoas". Para manter em cheque a sua ambição e o foco da sua influência em ajudar e servir os outros, periodicamente faça a si mesmo a seguinte pergunta: "Se o mundo inteiro me seguisse, seria um mundo melhor?"

Torne-se uma Pessoa Íntegra

Finalmente, pode se fazer com que suas ações se moldem a seus princípios ou que seus princípios se moldem às suas ações. É uma decisão que temos que tomar. Se deseja tornar-se uma pessoa de influência, deve então escolher o caminho da integridade pois todos os outros caminhos ao final levam à ruína.

Para tornar-se uma pessoa íntegra, deve-se voltar aos princípios. Opções difíceis deverão ser feitas, porém serão compensadoras.

Comprometa-se com a honestidade, confiabilidade e confidencialidade

A integridade tem início com uma decisão consciente e específica. Se esperar por um momento de crise antes de resolver seus problemas de integridade, estará se preparando para o fracasso. Escolha hoje viver sob um código moral estrito, e determine não abandoná-lo a despeito do que possa acontecer.

Decida de antemão que você não tem um preço

O presidente George Washington percebeu que "poucos homens têm a virtude de resistir às ofertas mais altas". Algumas pessoas podem ser compradas porque não se definiram quanto ao tema dinheiro, antes do momento da tentação. A melhor maneira para guardar-se contra o rompimento da integridade é decidir hoje que não venderá a sua integridade: nem por poder, vingança, orgulho ou dinheiro – pela quantia que for.

Tome o maior cuidado com as coisas menores

As coisas pequenas contribuem para a nossa formação ou destruição. Se infringir os limites de seus valores – seja por uma polegada ou por uma milha – estará fora dos limites. A honestidade é um hábito que ganha raízes quando se faz as coisas certas todo o tempo, dia após dia, semana após semana, ano após ano. Se de maneira consistente fizer o correto nas coisas pequenas, estará menos sujeito a erros de caráter moral ou ético.

Faça a cada dia o que se deve fazer, antes do que se quer fazer

Uma grande parte da integridade é cumprir de forma consistente nossas responsabilidades. Nosso amigo Zig Ziglar diz: "Quando você faz o que precisa ser feito, no momento em que deve ser feito, chegará o dia em que você poderá fazer as coisas que deseja fazer, quando as quiser fazer. O psicólogo e filósofo William James definiu essa idéia de forma mais veemente: "Todos devem fazer todos os dias ao menos duas coisas que detestam fazer, apenas para praticar".

O filósofo e escritor suíço Henri Frédéric Amiel manteve: "A pessoa que não tem uma vida interior é escrava daquilo que a cerca". "Escravos" é o termo correto para descrever as pessoas que têm falta de integridade, pois elas se encontram freqüentemente à mercê de seus próprios desejos extravagantes bem como dos das outras pessoas. Mas com integridade, pode se experimentar a liberdade. A pessoa estará não apenas menos sujeita a ser escravizada pelas pressões que vêm de más escolhas, pecados, decepções e outros problemas de caráter negativo, como também estará livre para influenciar outras pessoas e adicionar valor a elas de maneira incrível. A sua integridade abre a porta para que você experimente contínuo sucesso.

É praticamente impossível estimar o impacto da integridade na vida das pessoas. Você provavelmente se recorda do pânico causado pelo medicamento Tylenol alguns anos atrás. Várias pessoas foram mortalmente envenenadas, e a polícia investigou a causa das cápsulas contaminadas. Don Meyer, amigo de John, enviou-lhe um comentário sobre o incidente. Aqui está o que ele disse:

> Alguns anos antes, em sua declaração de missão, tinham uma linha na qual declaravam que iriam "trabalhar com honestidade e integridade". Várias semanas antes do incidente com o Tylenol, o presidente da Johnson & Johnson enviou uma mensagem a todos os presidentes de divisão da companhia perguntando se eles permaneciam cumprindo e crendo na declaração de missão. Todos os presidentes responderam afirmativamente.
> Quando os repórteres lhe perguntaram como foi capaz de tomar uma decisão tão importante em tão pouco tempo, sua resposta foi: "Eu coloquei em prática o que acordamos em nossa declaração de missão".

No final do comentário, Don Meyer escreveu a seguinte nota: "John, é sempre fácil fazer o correto quando se sabe, de antemão, o que se representa".

O que é verdadeiro para Johnson & Johnson é verdadeiro para você e para nós. Se você sabe o que representa e age de acordo, as pessoas podem confiar. Você é um modelo de caráter e consistência que outras pessoas admiram e desejam imitar. E colocou um bom alicerce, que faz possível que se torne uma pessoa de influência positiva na vida delas.

Checklist de influência

TENDO INTEGRIDADE COM AS PESSOAS

- ❑ **Comprometa-se a desenvolver um forte caráter.** Você tomou como prática no passado assumir completa responsabilidade por seu caráter? Isso é algo necessário para tornar-se uma pessoa de influência. Deixe de lado as experiências negativas que teve, incluindo circunstâncias difíceis e pessoas que lhe feriram. Esqueça as suas credenciais ou a reputação que construiu com o passar dos anos. Dispa-se de tudo, e veja o que restou. Se não vê em si mesmo sólida integridade, assuma o compromisso de mudar hoje.

  Leia a seguinte declaração e assine na linha abaixo:

  Comprometo-me a ser uma pessoa de caráter. Verdade, confiabilidade, honestidade e confidencialidade serão os pilares de minha vida. Tratarei as outras pessoas da mesma maneira como espero ser tratado. Viverei de acordo com os mais altos padrões de integridade em meio às circunstâncias da vida.

  Assinatura: ______________________ Data: ____________

- ❑ **Faça as coisas pequenas.** Passe a próxima semana monitorando cuidadosamente seus hábitos de caráter. Tome nota para si mesmo cada vez que fizer qualquer coisa como:
  - Não falar a verdade completa.
  - Negligenciar cumprir um compromisso, seja ele acordado ou implícito.
  - Não concluir algo para que foi designado.

- Comentar algo que deveria ter mantido de forma confidencial.

- **Faça o que você deve fazer antes daquilo que quer fazer.** Todos os dias durante esta semana encontre dois itens em sua lista de coisas a fazer, que precisam ser feitos mas têm sido postergados. Conclua essas tarefas antes de fazer qualquer outra coisa agradável listada.

2

Uma pessoa de influência ...

Cuida de Outras Pessoas

Há muitos anos Nancy e eu decidimos que queríamos ajudar nosso filho Eric a tornar-se um pouco mais independente. De maneira geral ele ia muito bem. De fato, ele participa de muitas atividades que alguém que não usa uma cadeira de rodas nunca faria. Porém pensamos que ele gostaria de dar mais um passo em seu desenvolvimento pessoal, e então analisamos algo de que ouvimos falar, uma organização chamada Companheiros Caninos para Independência (CCI) que treina cachorros especialmente para pessoas deficientes.

CCI atua há cerca de vinte anos e tem escritórios por todo o país, inclusive em Oceanside, Califórnia. Fica próximo a San Diego, então, em uma manhã de sábado, entramos todos no carro e fomos checar. Eric ficou muito animado durante nossa visita às instalações de treinamento. Nos reunimos com alguns treinadores e vimos muitos belos cães. Ficamos sabendo que esses animais passam o primeiro ano de sua vida em lares de voluntários que os criam ensinando regras básicas de obediência e habilidades sociais. Então os cães são transferidos para um centro do CCI onde passam a morar durante os próximos oito meses recebendo treinamento especializado dos profissionais da organização. Eles aprendem como tornar-se companheiros de trabalho para praticamente todo tipo de pessoa com alguma deficiência, exceto cegueira. Os cães aprendem a abrir portas, carregar objetos e coisas semelhantes. Alguns são treinados para ajudar pessoas com problemas auditivos, aprendendo a avisar seus donos quando o telefone ou a campainha tocam, uma criança chora, um detetor de fumaça dispara, e daí por diante. Quando um cão está completamente treinado, ele é associado a um novo dono, e ambos participam de um tipo de treinamento inicial onde aprenderão a trabalhar juntos.

Eric amou a idéia de ter um cão, e nos candidatamos a receber um que se adequasse às necessidades dele. Esperamos por várias semanas. E nenhum dia se passava sem que o Eric falasse sobre o assunto. Finalmente, em uma tarde recebemos um telefonema do CCI comunicando-nos que tinham um cão para Eric, e na manhã seguinte partimos novamente para Oceanside.

Eric se apaixonou pela Sable imediatamente. Ela era uma enérgica caçadora dourada de um pouco mais de um ano e meio de idade. Ambos passaram pelo treinamento e aprenderam como trabalhar juntos. Sable podia desligar e ligar as luzes para Eric, acompanhá-lo às lojas com o dinheiro e carregar as compras para ele, e fazer uma série de outras coisas.

Quando o treinamento estava próximo, um dos treinadores sentou-se com Eric e conversou com ele. Ele disse: "Eric, não importa o que mais você faça ou não com Sable, tenha certeza de uma coisa; você deverá ser a pessoa que a alimentará. Isto é muito importante. É a única maneira de assegurar-se de que ela se apegará a você como seu dono".

Para Eric era fácil dar ao cão amor e afeto. Ele gostava de afagá-la e acariciar seu pêlo, mas era mais difícil para ele aprender a tomar a responsabilidade pelo animal. Ele tem uma linda personalidade dócil. Porém, a tempo, ele aprendeu a alimentá-la e isso eventualmente tornou-se a sua parte favorita na rotina deles.

Alimentar um cão é a melhor maneira de criar um relacionamento com ele. Isso não só provê as necessidades do cão, dando-lhe vida e força, mas também lhe ensina a confiar e seguir você. E na maioria dos casos, quando o alimenta, o cuidado que você dá é retribuído com lealdade, obediência e afeição.

A Natureza do Cuidado

Sob alguns aspectos, as pessoas respondem de maneira similar à dos animais. E como os animais, as pessoas precisam de cuidado, não apenas físico, mas também emocional. Se olhar à sua volta, descobrirá que existem pessoas em sua vida que querem ser alimentadas – com encorajamento, reconhecimento, segurança e esperança. Esse processo é chamado de cuidado, e é uma necessidade de todo ser humano.

Se você deseja tornar-se um influenciador na vida de outros, comece a cuidar deles. Muitas pessoas erroneamente acreditam que a maneira para tornar-se um influenciador é tornar-se uma autoridade – corrigir os erros dos outros, revelar as áreas de fraqueza que eles não podem ver facilmente em si mesmos, e fazer as chamadas críticas construtivas. Mas o que o clérigo John Knox disse há mais de quatrocentos anos atrás ainda é verdade: "Não se pode antagonizar e influenciar ao mesmo tempo".

No coração do processo de cuidado existe uma genuína preocupação por outros. Quando você ouve a palavra cuidado, qual é a primeira coisa que lhe vem à mente? Se for como a maioria das pessoas, provavelmente visualizará uma mãe embalando um bebê. Ela cuida de sua criança, protegendo-a, alimentando-a, encorajando-a, assegurando que suas necessidades sejam satisfeitas. Ela não lhe dá atenção apenas quando tem tempo livre ou quando é conveniente. Ela a ama e quer que seja bem desenvolvida. De maneira similar, à medida que você procura ajudar e influenciar as pessoas à sua volta, deve ter sentimentos positivos e preocupação por elas. Se quer gerar um impacto positivo nelas, não poderá desgostá-las, desprezá-las ou desacreditá-las. Deverá dar-lhes amor e respeito. Ou, da forma colocada pelo especialista em relações humanas, Les Giblin: "Você não pode fazer uma outra pessoa sentir-se importante em sua presença se secretamente sente que ela não é ninguém".

Se você cuidar de outros mas permitir que se tornem dependentes de você, estará na realidade ferindo-os e não ajudando-os.

Você deve estar imaginando porque deveria assumir um papel de cuidado com as pessoas que deseja influenciar, especialmente se forem funcionários, colegas, ou amigos – não membros de sua família. Você deve estar dizendo a si mesmo, isto não é algo que eles podem ter em outro lugar, como por exemplo, em seus lares? A verdade, infelizmente, é que a maioria das pessoas estão desesperadas por encorajamento. E mesmo que algumas pessoas na vida delas, ajudem a edificá-las, ainda será necessário que você se torne alguém que cuide delas porque as pessoas são influenciadas, em sua maioria, por aqueles que as fazem sentir-se bem a respeito de si mesmas. Se você se tornar a pessoa de maior cuidado na vida de outros, então terá a oportunidade de causar o maior impacto sobre elas.

Examine e reexamine seus motivos à medida que você ajuda e encoraja outros. Não seja como a pequena chamada Emily. Seu pai, Guy Belleranti, estava retornando da igreja com sua família em um domingo, quando a garotinha de cinco anos disse: "Quando eu crescer, quero ser como o homem que estava lá na frente".

"Você quer ser um pregador?" perguntou a mãe de Emily.

"Não", disse Emily, "Quero dizer às pessoas o que fazer".

A sua meta é o crescimento e independência de outros. Se você cuidar de outros mas permitir que se tornem dependentes de você, estará na realidade ferindo-os e não ajudando-os. E se os ajudar por desejo de satisfazer suas próprias necessidades ou curar as feridas de seu próprio passado, seu relacionamento com eles poderá tornar-se co-dependente. Não é correto tentar corrigir sua história pessoal revivendo-a vicariamente através de outras pessoas. Além disso, pessoas co-dependentes nunca se tornan influenciadores positivos na vida de outros.

Um Influenciador que Cuida dos Outros É um Doador

Agora que você tem uma idéia melhor sobre o significado de cuidar de outros, provavelmente estará pronto para aprender como fazê-lo com as pessoas que fazem parte de sua vida: funcionários, familiares, amigos, pessoas que cooperam na mesma igreja e colegas. Alcança-se isso dando prioridade a dar ao invés de receber. Comece a dar a outros nas seguintes áreas:

Amor

Antes que faça qualquer coisa pela vida de outros, deve mostrar-lhes amor. Sem ele não pode haver ligação, futuro ou qualquer sucesso conjunto. Recorde algumas pessoas chave que tiveram impacto em sua vida: Uma incrível professora, um chefe fantástico, um tio ou tia especiais. Sem dúvida, quando você está com essas pessoas pode sentir que elas se importam com você. E como retorno, você respondeu positivamente a elas.

Nós descobrimos esse exemplo de como o amor pode fazer diferença na vida de estudantes. Aqui estão alguns pensamentos de um professor:

> Eu senti um grande alívio quando comecei a entender que uma criança precisa mais do que apenas aprender uma matéria. Conheço e ensino bem matemática. Pensava que era tudo o que eu precisava fazer. Agora, eu ensino crianças, não matemática. Aceito o fato de ser apenas parcialmente bem sucedido com algumas delas. Quando não sou obrigado a ter todas as respostas, pareço ter mais respostas do que quando tentei ser o especialista. O menino que me fez realmente compreender isso foi Eddie. Perguntei a ele um dia a razão pela qual ele estava indo bem melhor do que no ano anterior. Ele deu sentido à minha completamente nova orientação. Disse: "É porque agora sinto-me bem comigo mesmo, quando estou com você".[1]

Eddie correspondeu ao amor de uma maneira que ele nunca faria ao conhecimento, à psicologia, à técnica ou à teoria educacional. Quando ele soube que o seu professor se importava com ele, floresceu.

Sem amor, não pode haver ligação, futuro ou qualquer sucesso conjunto.

A extensão e largura de nossa influência na vida de outras pessoas estão diretamente relacionadas à profundidade de nossa preocupação por elas. Quando o assunto é ajudar pessoas a crescer e sentir-se bem consigo mesmas, não existe substituto para o amor. Mesmo uma pessoa dura como Vince Lombardi, o legendário técnico do time dos Green Bay Packers, entendeu o poder do amor para trazer o melhor das pessoas e causar um impacto em suas vidas. Ele disse: "Existem muitos técnicos com muitos bons clubes, conhecedores das técnicas e que têm muita disciplina, mas ainda não ganham o jogo. Então você chega ao terceiro ingrediente: Se vamos jogar juntos como um time, devemos nos importar uns com os outros. Devemos nos amar uns aos outros. Cada jogador deve se preocupar com o seu colega".

Você pode influeciar positivamente as pessoas através de seu cuidado com elas. Não importa qual seja a sua profissão. Não importa o quão bem sucedidas sejam as pessoas à sua volta ou o que elas realizaram no passado. Todas as pessoas necessitam sentir-se valorizadas. Mesmo alguém que já tenha sido um líder do mundo livre precisa de amor. No livro *In the Arena,* o ex-presidente Richard Nixon descreveu a depressão que sentiu após sua demissão da Casa Branca e a cirurgia pela qual passou. Em determinado momento quando estava no hospital, disse à sua esposa, Pat, que queria morrer.

Quando ele estava no ponto absolutamente mais baixo de sua vida, uma enfermeira no hospital veio a seu quarto, abriu as cortinas, e apontou para um pequeno avião que voava de um lado para outro. Ele puxava uma faixa com os seguintes dizeres: "Deus ama você, e nós também". Ruth

Graham, esposa do evangelista Billy Graham havia preparado o vôo deste avião próximo ao hospital. Foi então que Nixon experimentou a mudança em sua vida. Ver aquela expressão de amor deu a ele a coragem e o desejo de prosseguir e se recuperar.

Gaste tempo para expressar seu amor e o quanto aprecia as pessoas que estão à sua volta. Diga-lhes o quanto significam para você. Escreva-lhes notas expressando o quanto se importa com elas. Dê-lhes um tapinha nas costas e, quando apropriado, um abraço apertado. Nunca assuma que as pessoas já sabem o que você sente por elas. Diga-lhes. Não se tem tão frequentemente a oportunidade de dizer a ele ou a ela que são amados.

Respeito

Ouvimos a estória de uma mulher que se mudou para uma cidade pequena. Após um curto espaço de tempo, ela reclamou para sua vizinha sobre o pobre atendimento que recebera na farmácia local. Ela esperava que a sua nova conhecida repetisse a sua crítica ao dono da farmácia.

Na ocasião seguinte em que a nova moradora foi à farmácia, o farmacêutico a cumprimentou com um grande sorriso, disse-lhe o quão feliz estava por vê-la novamente, e que esperava que ela gostasse da cidade. Ofereceu-se ainda para ajudar de alguma forma à mulher e seu marido até que eles se instalassem. Então atendeu-a rápida e eficientemente. Mais tarde a mulher contou à sua amiga sobre esta incrível mudança. "Suponho que você tenha dito a ele o quão pobre me pareceu o atendimento", declarou. "Bem, não," disse a vizinha, "De fato – e espero que não se importe – disse-lhe que ficou maravilhada pela maneira como ele construiu esta farmácia em uma cidade tão pequena, e que a viu como uma das farmácias mais bem administradas que conheceu".[2]

A vizinha desta mulher compreendeu que as pessoas reagem positivamente quando são respeitadas. De fato, a maioria das pessoas fará quase tudo por você se tratá-las com respeito. Isso significa deixar claro a elas que os seus sentimentos são importantes, suas preferências são respeitadas e suas opiniões são valiosas. Significa dar-lhes o benefício da escolha. Ou ainda como o poeta e filósofo Ralph Waldo Emerson disse: "Todo ser humano tem o direito de ser valorizado por seus melhores momentos".

Onde por amor se prioriza o dar a outros, o respeito mostra a boa vontade para deles receber. O respeito reconhece a habilidade ou o potencial da outra pessoa para contribuir. Ouvir a outras pessoas e colocar a agenda delas adiante da sua própria, reflete o seu respeito por elas e tem o potencial para fazer você e elas mais bem sucedidos. De acordo com um estudo recente da Teleometrics International reportado no Wall Street Journal, os executivos compreendem o poder do respeito. Dentre os dezesseis mil executivos considerados, os pesquisadores se concentraram no grupo dos altamente realizadores. Dentro desse grupo, todos tinham atitudes positivas em relação a seus subordinados, frequentemente buscavam sua opinião, com regularidade ouviam suas preocupações e os tratavam com respeito.

Se você já teve a oportunidade de trabalhar em vários ambientes, para ambos os tipos de pessoa – aqueles que mostraram e aqueles que não mostraram respeito – entenderá o quão motivacional o respeito pode ser. E também sabe que você mesmo é mais facilmente influenciado por pessoas que lhe tratam bem.

Sentimento de segurança

Uma outra parte importante do cuidar de outros é darlhes o sentimento de segurança. As pessoas se tornam relutantes a confiar em você e alcançar seu próprio potencial quando têm a preocupação de estar ou não seguras com você. Mas quando se sentem seguras, responderão positivamente e farão o melhor de si mesmas. Virginia Arcastle comentou: "Quando as pessoas se sentem seguras, importantes e apreciadas, não se torna mais necessário para elas diminuir as outras, para parecerem maiores quando comparadas". Parte do fazer as pessoas sentirem-se seguras vem da integridade, da qual falamos no capítulo anterior. As pessoas se sentem seguras com você quando suas ações e palavras são consistentes e estão de acordo com um alto padrão moral que inclui respeito. O antigo técnico chefe de futebol do Notre Dame, Lou Holtz, dirigiu-se a este assunto quando disse: "Faça o que é correto! Faça o melhor que puder e trate os outros da maneira como deseja ser tratado, porque farão três perguntas: (1) Posso confiar em você? (2) Você está comprometido? (3) Você se importa comigo como pessoa?".

As pessoas desejam segurança não apenas de você mas também de seu próprio ambiente. Os bons líderes reconhecem isso e criam um ambiente no qual as pessoas podem florescer, prosperar. Mike Krzyzewsky, um bem sucedido técnico chefe de basketball da Duke University, compreende o impacto que um líder pode causar quando provê segurança às pessoas que o seguem: "Se você cria uma atmosfera de comunicação e confiança, isto se torna uma tradição. Membros mais antigos no time estabelecerão a sua credibilidade junto aos mais recentes. Mesmo que não gostem de tudo a seu respeito, ainda dirão, 'Ele é confiável e tem um compromisso conosco como um time' ".

Você será capaz de influenciar positivamente as pessoas e ter um impacto em suas vidas apenas a partir do momento em que elas possam confiar completamente em você.

Reconhecimento

Um erro muito freqüente, especialmente entre líderes atuantes no mercado de trabalho, é a falha em compartilhar o reconhecimento e mostrar apreço por outros. Por exemplo, J. C. Staehle fez uma análise dos trabalhadores na América e concluiu que a causa número um de insatisfação entre eles é a falha de seus superiores em dar-lhes reconhecimento. É difícil para as pessoas seguirem alguém que não as aprecia pelo que são e pelo que fazem. Como disse o ex-secretário da defesa e presidente do Banco Mundial, Robert McNamara, "Cérebros são como corações – eles vão aonde são apreciados".

O reconhecimento é muito apreciado por todas as pessoas, não apenas nos negócios e na indústria. Mesmo um pouco de reconhecimento pode percorrer um caminho incrivelmente longo na vida de uma pessoa. Por exemplo, recentemente lemos uma estória escrita por Helen P.

Mrosla, uma professora freira. Ela contou sua experiência com Mark Eklund, que foi seu aluno na terceira série e mais tarde novamente no colegial, em matemática. Aqui a sua estória:

Em uma sexta-feira (na sala de aula) as coisas não estavam bem. Tínhamos trabalhado arduamente em um novo conceito durante toda semana, e percebi que um sentimento de frustração pessoal crescia nos alunos – e entre eles. Precisei interromper esse processo antes que se tornasse incontrolável. Então pedi a eles que escrevessem em duas folhas de papel o nome dos colegas de classe deixando um espaço entre cada nome. Então disse a eles que pensassem no melhor que poderiam dizer sobre seus colegas, e escrevessem.

Gastamos todo o tempo remanescente da aula nessa atividade, e à medida que os alunos deixavam a sala de aula cada um me entregava suas folhas ...

No sábado, escrevi o nome de cada aluno em uma nova folha de papel, e listei o que cada um disse sobre aquela pessoa. Na segunda-feira dei a cada aluno a sua lista. Algumas tinham duas páginas. Pouco tempo depois toda classe estava sorrindo. "Verdade?", ouvi sussurrarem. "Eu não sabia que significava alguma coisa para alguém!" "Eu não sabia que os outros gostavam tanto de mim!".

Nunca mais se mencionaram aqueles papéis na classe novamente. Eu nunca soube se eles discutiram entre si após a aula ou com seus pais, mas isto não importa. O exercício alcançou o seu objetivo. Os alunos novamente ficaram felizes consigo mesmos e uns com os outros.

Aquele grupo de estudantes seguiu adiante. Muitos anos mais tarde, quando eu voltava de férias, meus pais me buscaram no aeroporto. Enquanto íamos para casa juntos no carro, minha mãe me fazia perguntas normais sobre a viagem: como estava o tempo e minhas experiências em geral. Fez-se uma pausa na conversa. Mamãe olhou de lado para papai e simplesmente disse: "Papai?" meu pai pigarreou. "Os Eklunds telefonaram ontem a noite", começou. "Mesmo?"

eu disse. "Há muitos anos não nos falamos. Como será que está o Mark?"

Papai respondeu calmamente: "Mark foi morto no Vietnã". "O enterro será amanhã e seus pais querem que você esteja lá". Até hoje me recordo do exato lugar na rodovia I-494 aonde meu pai meu contou essa notícia sobre Mark.

Eu nunca tinha visto antes um soldado, morto em serviço, em um esquife militar... A igreja estava repleta de amigos do Mark (seus antigos colegas de classe) a irmã de Chuck cantou *O Hino de Batalha da República*. Porque tinha que chover no dia do funeral? Estava bastante difícil ficar ao lado da cova. O pastor proferiu as palavras usuais de oração e o corneteiro tocou. Uma a uma, as pessoas que amavam Mark fizeram uma última caminhada até o esquife borrifando-o com água santa.

Fui a última a abençoar o esquife. Enquanto eu estava lá, um dos soldados que havia conduzido o esquife se aproximou de mim. "Você foi a professora de matemática do Mark?", perguntou. Acenei afirmativamente com a cabeça enquanto continuava a olhar fixamente para o esquife. "Mark falou muito a seu respeito", disse.

Após o funeral, a maior parte dos antigos colegas de classe de Mark dirigiram-se á casa de campo dos Chuck para um almoço. A mãe e o pai de Mark estavam lá, certamente esperando por mim. "Queremos mostrar-lhe algo", disse seu pai tirando uma carteira de seu bolso. "Acharam isto com Mark quando ele foi morto. Pensamos que você o reconhecerá". Abrindo a carteira no local onde se coloca o dinheiro, ele cuidadosamente removeu dois pedaços de papel de folha de caderno que tinham sido certamente colados com fita adesiva, dobrados e redobrados muitas vezes. Eu sabia sem olhar que os papéis eram aqueles nos quais eu havia listado todas as coisas boas que cada um dos colegas dele escreveram a seu respeito. "Muito obrigada por ter feito isto", disse a mãe de Mark. "Como você pode ver, Mark o guardou como um tesouro".

Os colegas de classe começaram a se aproximar de nós. Chuck sorriu antes de dizer como uma ovelha: "Eu ainda tenho minha lista. Ela está na gaveta superior da minha escrivaninha em casa". A esposa do John disse: "John me pediu que colocasse a lista dele em nosso álbum de casamento". "Eu também tenho a minha", disse Marilyn. "Está no meu diário". Então Vicki, outra colega de classe alcançando sua agenda tirou sua carteira mostrou ao grupo sua lista usada. "Levo isto comigo o tempo todo", disse Vicki sem pestanejar. "Eu acho que todos nós guardamos nossas listas".

Foi então que finalmente me sentei e chorei.[3]

O que é que faria tantos adultos se apegarem a pedaços de papel que receberam anos antes quando crianças, alguns dos quais carregando estas páginas para onde quer que fossem – mesmo em uma batalha em um arrozal na outra metade do mundo? A resposta é estima. Todos somos incrivelmente famintos por estima e reconhecimento. À medida que você interage com pessoas ande lentamente através da multidão. Lembre-se dos nomes das pessoas e gaste tempo mostrando que se importa com elas. Faça das outras pessoas uma prioridade em sua vida sobre todas as outras coisas, incluindo sua agenda e programação. E dê a outros reconhecimento a cada oportunidade. Isto irá edificá-los e motivá-los. E fará de você uma pessoa de significante influência na vida delas.

Encorajamento

Uma experiência foi feita há alguns anos para medir a capacidade de resistência das pessoas à dor. Psicólogos mediram quanto tempo uma pessoa poderia suportar ficar com os pés descalços dentro de um balde com água gelada. Descobriram que um fator tornava possível para algumas pessoas permanecerem na água gelada duas vezes mais do que as outras. Você pode imaginar que fator era este? Era o encorajamento. Quando uma outra pessoa estava presente, dando suporte e encorajamento, as pessoas eram capazes de suportar a dor por muito mais tempo do que as que não contavam com este auxílio.

Quando uma pessoa se sente encorajada, ela pode enfrentar o impossível e superar adversidades incríveis.

Poucas coisas ajudam tanto uma pessoa quanto o encorajamento. George M. Adams chamou-o de "oxigênio para a alma". O filósofo e poeta alemão Johann Wolfgang von Goethe escreveu: "A correção faz muito, mas o encorajamento após a censura é como o sol depois da tempestade". E William A. Ward revelou seus sentimentos quando disse: "Lisonjeie-me, e não acreditarei. Critique-me, e talvez não goste de você. Ignore-me, e talvez não lhe perdoe. Encoraje-me, e nunca lhe esquecerei".

A habilidade de influenciar é um sub-produto natural do encorajamento. Benjamin Franklin escreveu uma carta ao comandante naval John Paul Jones: "Daqui por diante, procure observar uma ocasião para dar a seus oficiais e amigos um pouco mais de elogios do que lhes é devido, e confessar um pouco mais de faltas do as que são de sua responsabilidade; fazendo isso você se tornará logo um grande capitão". Jones evidentemente aprendeu a lição. Tornou-se o herói da Revolução Americana e mais tarde alcançou o posto de contra-almirante da marinha russa.

Assim como o encorajamento faz com que outros queiram seguir você, a falta de elogios e encorajamento tem o efeito oposto. Lemos uma narrativa pelo doutor Maxwell Maltz que mostra o impacto incrivelmente negativo que uma pessoa pode ter quando não encoraja as pessoas que o cercam. Maltz descreveu uma mulher que veio a seu consultório em busca de ajuda. Evidentemente, o filho dela havia se mudado da casa dela no centro oeste para Nova York, onde Maltz atendia. Quando o filho dela era apenas um garoto, o marido da mulher morreu, e ela passou a conduzir os negócios dele, na esperança de que o faria até que o filho tivesse idade suficiente para assumí-los. Porém quando o filho ficou mais velho não quis se envolver com o negócio. Ao invés disso, quis mudar-se para Nova York e estudar. Ela procurou Maltz porque queria que descobrisse porque o filho se comportou dessa maneira.

Poucos dias mais tarde o filho veio ao consultório de Maltz, explicando que sua mãe insistiu nessa visita. "Amo a minha mãe", explicou, "porém nunca lhe disse porque tive que deixar nosso lar. Nunca tive coragem. E não quero fazê-la infeliz. Mas veja, doutor, não quero dar continuidade ao que meu pai começou. Quero fazer algo por mim mesmo".

"Isto é muito admirável", Maltz lhe disse, "mas o que tem contra seu pai?".

"Meu pai era um bom homem e trabalhava arduamente, mas suponho que guardei um ressentimento", disse. "Meu pai subiu na vida com dificuldade. E ele pensava que deveria ser duro comigo. Acredito que queria construir em mim autoconfiança ou algo semelhante. Quando eu era um garoto, nunca me encorajou. Lembro-me de quando jogava bola comigo no pátio. Ele lançava a bola e eu a agarrava. Tínhamos um jogo em que eu deveria agarrar dez bolas que ele lançava uma após outra. E, doutor, ele nunca me deixou agarrar a décima bola! Jogava oito ou nove para mim, mas sempre jogava a décima bola para o ar, ou para o chão ou onde eu não fosse capaz de alcançá-la". O jovem fez uma pausa por um momento e então disse: "Ele nunca me deixaria pegar a décima bola – nunca! E acredito que tive que deixar o lar e os negócios que ele começou porque queria de alguma maneira agarrar aquela décima bola!".

A falta de encorajamento pode impedir uma pessoa de viver uma vida saudável e produtiva. Mas quando a pessoa se sente encorajada, ela pode enfrentar o impossível e superar adversidades incríveis. E a pessoa que fornece o presente do encorajamento se torna um influenciador em sua vida.

O QUE ELES RECEBEM

Para se tornar alguém que cuida de outras pessoas, aprenda a pensar como elas. Ao invés de pensar em si mesmo, coloque os outros em primeiro lugar. Ao invés de colocar os outros no lugar deles, tente colocar-se no lugar deles. Isto não é sempre fácil. Você será capaz de pensar como as outras pessoas e dar-se a elas somente se possuir um sentimento de paz a respeito de si mesmo, sobre quem você é. Mas as recompensas por cuidar de outros são muitas. Quando você cuida das pessoas, elas recebem vários benefícios:

Sentimento positivo de auto-merecimento

Nathaniel Branden, um psiquiatra e especialista no tema auto-estima, declara que nem um fator é mais decisivo no desenvolvimento psicológico e motivacional das pessoas do que os julgamentos de valor que fazem de si mesmas. Ele diz que a natureza da avaliação pessoal tem um efeito profundo nos valores pessoais, nas crenças, no processo de raciocínio, nos sentimentos, nas necessidades e objetivos. Em sua ótica, a auto-estima é a chave mais significativa do comportamento de uma pessoa.

Um conceito pobre de si mesma pode trazer todo efeito negativo à vida de uma pessoa. O poeta T. S. Eliot afirmou: "A metade do dano que é feito neste mundo deve-se a pessoas que querem sentir-se importantes... Elas não querem causar mal... São absorvidas no interminável esforço de pensar bem sobre si mesmas". Um sentimento pobre quanto ao mérito pessoal cria um teto invisível que pode bloquear a pessoa, não permitindo que ela supere limitações auto-impostas.

Se você é confiante e tem uma saudável imagem de si mesmo, deve estar dizendo, "Posso admitir a tentativa de incentivar o sentimento de auto-merecimento de uma criança, mas quando se trata de meus funcionários ou colegas, deixe que cuidem de si mesmos. São adultos. Precisam vencer isso". A realidade é que a maioria das pessoas, tenham elas sete ou

57 anos, poderiam valer-se de ajuda a respeito do que sentem sobre si mesmos. Elas adorariam ter o seu senso de identidade incentivado. Se duvida disso, faça a seguinte experiência: Peça a um casal conhecido seu que escreva todos os pontos fortes de sua personalidade. Cada pessoa geralmente escreve cerca de meia dúzia. Peça então que listem todas as suas fraquezas. Na maioria das vezes as listas de pontos fracos têm o dobro do tamanho!

Um crítico e escritor do século dezoito, Samuel Johnson expressou o seguinte pensamento: "A auto-confiança é o primeiro grande requisito para grandes compromissos". A auto-estima influenciar todos os aspectos da vida de uma pessoa: a empregabilidade, a educação, os relacionamentos e muito mais. Por exemplo, o National Institute for Student Motivation realizou um estudo que concluiu que o impacto da auto-confiança no alcance das realizações acadêmicas é maior do que o do quociente de inteligência (QI). E Martin Seligman, professor de psicologia na Universidade da Pennsylvania, descobriu que as pessoas que têm uma elevada auto-estima conseguem os empregos mais bem pagos e se tornam mais bem sucedidos em suas carreiras do que as pessoas que possuem um baixo nível de auto-estima. Quando pesquisou representantes da maior empresa de seguros de vida, concluiu que aqueles que esperavam ser bem sucedidos venderam 37 por cento a mais do que aqueles que não tinham esta esperança.

Se deseja ajudar pessoas a melhorarem sua qualidade de vida, tornarem-se mais produtivos no trabalho e desenvolverem relacionamentos mais positivos, então ajude-as a construir um senso de auto-merecimento. Faça com que sintam-se bem a respeito de si mesmas, e os benefícios positivos transbordarão sobre todos os aspectos da vida delas. E quando começarem a experimentar esses benefícios, serão gratas a você.

Sentimento de fazer parte

Sentir-se participante é uma das mais básicas necessidades humanas. Quando as pessoas se sentem isoladas e excluídas do sentimento de comunhão com outras pessoas, elas sofrem. Albert LaLonde apontou os perigos desse isolamento: "Muitos jovens hoje jamais experimentaram uma profunda ligação emocional com quem quer que seja. Não sabem como amar e ser amados. A necessidade de ser amado se traduz na necessidade de pertencer a algo ou a alguém. Dirigidos por sua necessidade... farão qualquer coisa para pertencer".

Influenciadores positivos entendem essa necessidade de sentir-se como participante e procuram fazer com que as pessoas se sintam incluídas. Os pais se asseguram de que os filhos se sintam como membros importantes da família. Cônjuges fazem com que a pessoa com quem são casados sintam-se como um parceiro estimado e em condição de igualdade. Patrões fazem com que seus empregados saibam que são membros valiosos do time.

Os grandes líderes possuem particularmente a habilidade de fazer com que seus seguidores sintam-se participantes. Napoleão Bonaparte, por exemplo, foi um mestre em fazer as pessoas se sentirem importantes e incluídas. Ele ficou conhecido por andar por seu campo e cumprimentar pelo nome cada um de seus oficiais. Quando conversava com cada homem, perguntava sobre a sua cidade, esposa e família. E o general perguntava sobre a batalha ou manobra da qual sabia que o oficial tinha participado. O interesse e tempo que ele gastou com os seus seguidores fez com que eles tivessem um sentimento de camaradagem, e se sentissem parte do grupo. Não é de se admirar que tais homens fossem dedicados a ele. Se você deseja tornar-se alguém que cuida de outras pessoas, desenvolva um pensamento dirigido aos outros. Procure maneiras de incluir outros. Torne-se como um fazendeiro que costumava diariamente atrelar sua velha mula a um arado para dois cavalos, e dizia: "Levante-se, Beauregard. Levante-se, Satchel. Levante-se, Robert. Levante-se, Betty Lou".

Um dia seu vizinho, ouvindo o fazendeiro, perguntou: "quantos nomes tem esta mula?". "Oh, ela tem apenas um", respondeu o fazendeiro. "O nome dela é Pete. Porém, coloco nela viseiras de forma que ela não enxergue dos lados, e chamo por outros nomes a fim de que ela pense que não está trabalhando sozinha, mas sim com outras mulas. Ela tem melhores atitudes quando se sente parte de um time.

Perspectivas

Outro ganho que as pessoas têm quando recebem cuidados, é uma melhor perspectiva sobre si mesmas. A maioria das pessoas recebe dos outros tantos comentários negativos e críticas – de tal maneira que algumas vezes começam a perder de vista seu valor pessoal. Há um exemplo disso no livro *A Touch of Wonder*, de Arthur Gordon. Ele conta a estória de um amigo que fazia parte de um clube na Universidade de Wisconsin. No clube havia vários jovens brilhantes que tinham um genuíno talento como escritores. Cada vez que se reuniam, um deles lia uma estória ou ensaio que havia escrito, e o restante do grupo o dissecava e criticava. O rigor de seus comentários os levou a intitular seu próprio grupo de "Os Estranguladores". No mesmo campus, algumas moças formaram um grupo e intitularam-se "As Questionadoras". Elas também liam seus manuscritos umas para as outras, porém, ao invés de promover uma chuva de críticas umas às outras, tentavam encontrar coisas positivas para dizer. Cada membro recebia encorajamento, não importando o quão fraco ou subdesenvolvido fosse o seu escrito.

Para a maioria das pessoas, não é o que elas são que as detém. É o que pensam não ser.

Os resultados das atividades dos dois grupos vieram à luz vinte anos mais tarde, quando foram examinadas as carreiras dos participantes dos dois grupos. Dos talentosos jovens do grupo chamado "Os Estranguladores", nenhum fez para si um nome como escritor. Porém, meia dúzia de escritoras de sucesso emergiram do grupo chamado de "As Questionadoras", mesmo elas não tendo necessariamente no passado se mostrado promissoras. Algumas das mulheres ganharam prêmios de importância nacional, como Marjorie Kinnan Rawlings, que ganhou o prêmio Pulitzer.[4]

Para a maioria das pessoas, não é o que elas são que as detém. É o que pensam não ser. O grupo dos "Estranguladores" inegavelmente levantou dúvidas entre seus participantes se estariam ou não qualificados para serem escritores, e com o passar do tempo se convenceram que não. Quem pode imaginar o tipo de talento que foi esmagado por seu negativismo? Mas se alguém no grupo tivesse tido a iniciativa de alimentar ao invés de negar, talvez tivesse emergido desse grupo outro Hemingway, Faulkner ou Fitzgerald, dando ao mundo outra biblioteca de obras primas.

Todas as pessoas gostam de receber cuidado, mesmo grandes homens e mulheres. Uma pequena exposição na Instituição Smithsonian mostra isso. Ela contém objetos pessoais que estavam com Abraham Lincoln na noite em que foi assassinado: um pequeno lenço bordado "A. Lincoln", um canivete do tipo usado no interior, uma pequenina caixa amarrada com cordão de algodão, uma nota de cinco dólares da confederação e um recorte de jornal com uma reportagem que exaltava suas realizações como presidente. "Abe Lincoln é um dos maiores estadistas de todos os tempos ..."[5]

Conforme comentamos no capítulo anterior, Lincoln enfrentou críticas ferozes quando presidente, a tal ponto que ele poderia facilmente sentir-se totalmente desencorajado. Aquele artigo, relido várias vezes, sem dúvida alguma o ajudou durante momentos muito difíceis. Ele alimentou e ajudou Lincoln a manter suas perspectivas.

Sentimento de importância

Woody Allen disse uma vez em tom de brincadeira: "Meu único lamento na vida é não ser apenas mais um na multidão". E enquanto ele dizia isso para provavelmente arrancar algum sorriso, com os problemas de relacionamento que teve ao longo dos anos, podemos imaginar que esse comentário tenha uma forte dose de verdade. Na vida, a etiqueta de preço ou valor que o mundo coloca em nós é quase idêntica àquela que colocamos em nós mesmos. Pessoas que possuem um alto nível de respeito próprio e que se julgam significantes são geralmente respeitadas e sentem-se valorizadas pelas outras pessoas.

Esperança

O escritor Mark Twain advertiu: "Fique longe de pessoas que tentam diminuir as suas ambições. Pessoas pequenas sempre fazem isso, mas as realmente grandes, fazem com que você sinta que também pode tornar-se grande". Como é que a maioria das pessoas se sente quando está perto de você? Sentem-se pequenos e insignificantes, ou acreditam em si mesmos e têm esperança sobre aquilo que podem tornar-se?

A chave de como você trata as pessoas está no que pensa sobre elas. É uma questão de atitude. Sua maneira de agir revela sua maneira de crer. Johann Wolfgang von Goethe enfatizou: "Trate um homem de acordo com o que ele aparenta ser e estará fazendo-o pior. Porém trate um homem como se já fosse o que ele potencialmente poderá vir a ser, e estará fazendo dele o que deveria ser".

A esperança é talvez o maior presente que você pode dar a outras pessoas como resultado do processo de cuidado, porque, mesmo que o sentimento delas sobre si mesmas seja fraco e não consigam enxergar sua própria importância, ainda terão uma razão para continuar tentando e lutando para alcançar seu potencial máximo no futuro.

No livro *Building Your Mate's Self-Esteem,* Dennis Rainey conta uma estória maravilhosa sobre o cuidado e alimentação da esperança que podem conduzir ao desenvolvimento de um tremendo potencial. Ele conta que havia um garoto chamado Tommy que passou por um período de muitas dificuldades na escola. Fazia continuamente muitas perguntas, não conseguia manter-se calado. Parecia que falhava cada vez que tentava fazer alguma coisa. Sua professora finalmente desistiu dele e disse para a sua mãe que ele não tinha condição de aprender e nunca alcançaria muitas coisas. Mas a mãe de Tommy era uma pessoa que cuidava de outras pessoas. Ela acreditava nele. Ela passou a estudar com ele em casa, e a cada vez que ele falhava, ela lhe dava esperança e encorajamento para continuar tentando.

O que aconteceu com Tommy? Tornou-se um inventor, com mais de mil inventos patenteados, incluindo a vitrola e a primeira lâmpada elétrica incandescente comercialmente viável. Seu nome era Thomas Edison.[6] Quando as pessoas possuem esperança é impossível prever o quão longe podem chegar.

Como Tornar-se uma Pessoa que Cuida de Outras Naturalmente

Talvez você não seja uma pessoa que já nasceu com características de cuidar de outras pessoas. Muitas pessoas têm dificuldades em amar e mostrar-se positivas para outras, especialmente se o ambiente em que foram criadas não foi construtivo. Porém qualquer pessoa pode tornar-se alguém que cuida e acrescenta valor a outros. Se cultivar uma atitude positiva, aberta a pensar em outras pessoas, você também poderá tornar-se alguém que naturalmente cuida de outros e desfrutará o privilégio que faz parte do processo de influenciar a vida de outros. Veja como fazê-lo:

- **Comprometa-se com as outras pessoas.** Assuma o compromisso de tornar-se alguém que cuida de outras pessoas. O compromisso de ajudar pessoas muda suas prioridades e ações. O amor pelos outros sempre encontra uma maneira de ajudar; a indiferença em relação aos outros não encontra nada além de desculpas.
- **Acredite nas pessoas.** As pessoas melhoram ou pioram para ir de encontro às expectativas daqueles que os cercam. Dê a elas sua confiança e esperança, e farão tudo o que podem para que não seja decepcionado.
- **Seja acessível às pessoas.** Não se pode cuidar de ninguém à distância. Isso apenas pode ser feito atra-

vés da aproximação. Quando você começa o processo com as pessoas, precisará gastar muito tempo com elas. Porém, à medida que ganham confiança em si mesmas e no relacionamento, demandarão menor contato pessoal. Até que atinjam esse ponto, garanta que elas tenham acesso a você.

- **Dê sem esperar retribuições.** Se você precisar de algo das pessoas, não poderá liderá-las. E o cuidado com as pessoas é um aspecto da liderança. Ao invés de procurar um processo de troca, dê livremente sem esperar nada como retribuição. Henry Drummond, um economista do século XIX, sabiamente observou, "Se você olhar para o seu passado, verá que os melhores momentos, os realmente vividos, foram aqueles em que você fez algo com espírito de amor".
- **Dê oportunidades às pessoas.** À medida que as pessoas de quem você cuida se tornarem mais fortes, ofereça-lhes oportunidades adicionais de sucesso e crescimento. Você continuará a cuidar delas, porém à medida que o tempo passa, suas atitudes e realizações ajudarão a mantê-las seguras, respeitadas e encorajadas.
- **Ajude as pessoas a alcançarem um nível mais alto.** O seu objetivo final deverá ser sempre ajudar pessoas a alcançar o nível mais alto possível, o seu potencial máximo. O processo de cuidar dessas pessoas é o alicerce sobre o qual poderão iniciar seu processo de desenvolvimento pessoal.

Conta-se que Walt Disney disse que existem três tipos de pessoas no mundo. Existem os "bons envenenadores" que desencorajam outros, dando lugar a sua criatividade, dizendo o que as outras pessoas não são capazes de fazer. Existem aqueles que são como "máquinas de cortar grama", são pessoas bem intencionadas, porém, tão ocupadas consigo mesmas, que cortam sua própria grama e nunca ajudam aos outros. E existem os "valorizadores da vida". Essa ultima categoria é formada por pessoas que buscam enriquecer a vida de outros, levantando-os e inspirando-os. Cada um de nós precisa colocar todo esforço para que possamos nos tornar valorizadores da vida, para cuidarmos de outras pessoas de tal maneira que sintam-se motivadas para crescer e atingir seu potencial máximo. Esse é um processo demorado (e nos capítulos seguintes, vamos compartilhar inspirações e pensamentos, que lhe mostrarão como ajudar pessoas a dar passos adicionais neste processo).

Uma das estórias mais inspiradoras de encorajamento e cuidado que já ouvimos diz respeito a John Wesley – Um influenciador mencionado na introdução deste livro. Em 1791, Wesley escreveu uma carta para William Wilberforce, um membro do parlamento inglês que estava no meio da luta pela abolição do comércio inglês de escravos. A carta, que desde então se tornou famosa, dizia o seguinte:

> Londres, 26 de fevereiro de 1791
> Prezado Senhor:
>
> Se o divino poder não o houvesse elevado... não vejo como poderia seguir esse glorioso empreendimento, de oposição a esta execrável maldade, que escandaliza a religiosidade da Inglaterra e da natureza humana. Se Deus não o houvesse elevado por esta mesma razão, você teria sido consumido pela oposição humana e dos demônios. Mas "se Deus é por você, quem poderá ser contra você?" São todos eles mais fortes do que Deus? "Não vos canseis de fazer o bem!" continue, em nome de Deus e na força do seu poder, até que a escravidão americana (a mais vil que já houve debaixo do sol) se desvaneça diante dEle ...
>
> Que Ele, que o tem dirigido desde a infância, continue a fortalecê-lo nesta e em todas as coisas. É a oração de,
>
> seu afetuosamente servo,
> J. Wesley

Quatro dias depois, Wesley morreu com idade de oitenta e oito anos. Contudo, sua influência na vida de Wilberforce continuou durante anos. Wilberforce, na ocasião, não convenceu o parlamento a abolir a escravatura, porém não desistiu da luta. Permaneceu empenhado por décadas enfrentando calúnias, difamações e ameaças. Quando ele pensava que não poderia mais prosseguir, relia a carta de Wesley para encorajamento. Finalmente, em 1807, o comércio de escravos foi abolido. Em 1833, vários meses após a morte de Wilberforce, a escravidão foi abolida em todo o Império Britânico. Apesar de condenado por muitos durante a sua carreira, Wilberforce foi sepultado com honras na Abadia de Westminster, como um dos homens mais estimados de sua época. Em parte de seu epitáfio lê-se:

> Eminente como foi em todos os aspectos da vida pública e um líder em todo o trabalho de caridade, para alívio de necessidades temporais ou espirituais de seus semelhantes, seu nome será sempre especialmente identificado com o empenho com que, através da benção de Deus, removeu da Inglaterra a culpa do comércio de escravos africanos, E preparou o caminho para a abolição da escravatura em todas as colônias do Império.

Talvez haja um William Wilberforce em sua vida, apenas aguardando o seu cuidado para que se torne grande. O único caminho que o levará a conhecer isto é tornar-se alguém que tem o pensamento orientado a cuidar e adicionar valor às pessoas com quem se encontrar.

Checklist de influência

CUIDANDO DE OUTRAS PESSOAS

- ❑ **Desenvolva um ambiente de cuidado com as pessoas em seu lar, local de trabalho ou igreja.** Eleja como meta pessoal fazer com que as pessoas à sua volta se sintam amadas, respeitadas e seguras. Para fazê-lo, comprometa-se a eliminar de suas conversas toda crítica negativa durante o período de um mês, buscando apenas coisas positivas para falar a outros.

- ❑ **Dê especial encorajamento.** Escolha duas ou três pessoas e dê a elas encorajamento durante esse mês. Envie semanalmente a cada uma delas uma pequena nota manuscrita. Esteja facilmente acessível a essas pessoas. E dê do seu tempo sem esperar qualquer recompensa. No final do mês, examine seu relacionamento com elas visando mudanças positivas.

- ❑ **Reconstrua as pontes.** Pense em uma pessoa com quem teve no passado a tendência de ser negativo (pode ser qualquer pessoa: um colega, um membro da família ou um empregado, por exemplo). Dirija-se a essa pessoa e peça-lhe desculpas por suas ações ou comentários passados. Então encontre a qualidade que mais admira nela. Durante as semanas seguintes procure maneiras para construir e fortalecer o relacionamento.

3

Uma pessoa de influência ...

ACREDITA NAS PESSOAS

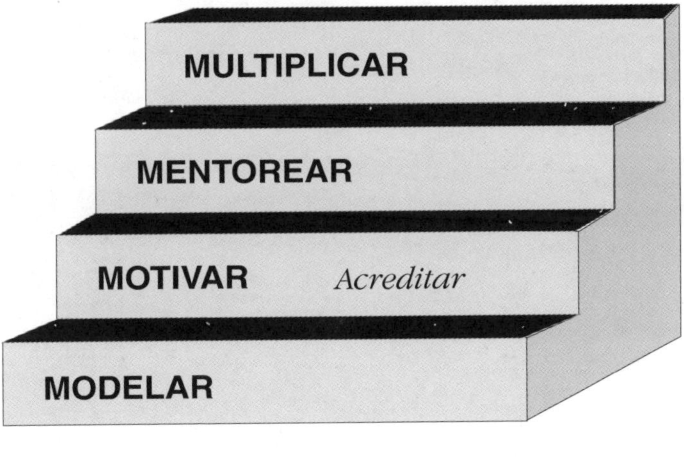

Jim foi criado em Niagara Falls, Nova York. A população atual é de 60.000 habitantes, porém, quando Jim ali viveu, havia cerca de 100.000 pessoas. Era um centro industrial em crescimento, tendo empresas como a DuPont Chemical. Tinha também opções culturais, uma forte universidade de cem anos de idade, e outras atrações, mas o principal ponto de atração da cidade era a incrível queda natural das águas, como é até hoje. Os Iroquois chamavam-na de "Niágara", que significa, "trovão de águas". É uma paisagem que causa medo. A cada minuto mais de doze milhões de pés cúbicos de água caem de um desnível vertical de cento e oitenta pés na orla da catarata. Sua largura total, incluindo os lados canadense e americano, é superior a três mil e cem pés. Ela é merecidamente chamada uma das maravilhas naturais do mundo. Jim conta a seguinte estória:

> Durante nossa infância ouvimos muitas estórias sobre as cataratas e as corajosas proezas que algumas pessoas conseguiram realizar – como Annie Edison Taylor, que atravessou as cataratas dentro de um barril, e outros feitos como esse. Um dos mais famosos é o acrobata francês chamado Charles Blondin, que viveu no período 1824 a 1897. Ele cruzou sobre a largura total das cataratas andando por uma corda esticada no ano de 1859. Isso deve ter exigido dele nervos de aço, já que se caísse certamente morreria. De fato, ele cruzou a catarata várias vezes. Em uma delas conduzindo um carrinho de apenas uma roda, utilizado para pequenos transportes. Em outra ocasião fez a travessia de olhos vendados, e outra vez utilizando pernas de pau. Ficou conhecido como "extraordinário". Continuou as travessias até seus setenta anos. Uma de suas proezas mais incríveis foi atravessar as cataratas sobre uma corda esticada carregando um homem em suas costas. Você pode imaginar isso? Penso que apenas cruzar as cataratas já não era mais algo difícil o bastante para ele! Porém, imagino que, tão difícil quanto este

feito, deve ter sido para Blondin conseguir alguém que fosse com ele. Isto é o que se chama confiança: subir nas costas de um homem que andará mais de meia milha em uma corda suspensa, atravessando uma das mais violentas quedas d'água do mundo. Eu pensava nisto quando criança. Como seria ver as cataratas de cima, tendo apenas uma corda abaixo de si? E mais importante, que pessoa confiaria em mim, ao ponto de atravessar as cataratas sendo carregado, da mesma forma que aquele homem confiou em Blondin?

Realidades Sobre Confiar nas Pessoas

Não conhecemos a identidade do homem que Blondin carregou por cima das cataratas, porém, ele sem dúvida teve uma grande confiança no acrobata francês. Afinal de contas, colocou sua vida nas mãos do acrobata. Não se vê esse tipo de confiança nas pessoas todos os dias, mas quando se vê, é algo muito especial.

Confiar nas pessoas é uma qualidade essencial do influenciador quando trabalha com outros, todavia é algo raro e precioso atualmente. Veja a seguir quatro realidades a respeito da confiança:

1. Muitas pessoas não confiam em si mesmas

Não faz muito tempo, vimos no programa cômico de Jeff MacNelly seu personagem Shoe, que representa um ríspido editor de jornal, participando de um jogo de baseball. Seu colega lhe disse: "Você deve acreditar em sua capacidade de lançar aquela bola em curva". No quadro seguinte Shoe comentou: "É fácil para ele dizer isso. Quando o assunto é confiar em mim mesmo, sou um ateu".

Quando você acredita nas pessoas, elas fazem o impossível.
– Nancy Dornan

Essa é a maneira como muitas pessoas se sentem hoje. Têm dificuldades para acreditar em si mesmas. Acreditam que falharão. Mesmo quando vêem uma luz no fim do túnel, têm a convicção de que é um trem. Vêem uma dificuldade em cada possibilidade. Mas a realidade é que as dificuldades raramente derrotam pessoas; a falta de fé em si mesmas é que normalmente traz a derrota. Com apenas um pouco de fé em si mesmas, as pessoas podem fazer coisas miraculosas. Porém sem ela, enfrentam realmente situações difíceis.

2. Muitas pessoas não têm quem acredite nelas

Em "Just for Today", James Keller conta a seguinte estória: "Um vendedor de flores para calçadas não estava conseguindo fazer nenhum negócio. Repentinamente teve uma feliz idéia, e colocou o seguinte cartaz: 'Esta gardênia fará com que você se sinta importante o dia inteiro por apenas dez centavos'. A partir daí suas vendas começaram a crescer".

Hoje em nossa sociedade, muitas pessoas se sentem isoladas. O forte sentimento de comunidade que era desfrutado pela maioria dos americanos tornou-se raro. E muitas pessoas não têm mais o suporte familiar que era comum há trinta ou quarenta anos atrás. Por exemplo, o evangelista Bill Glass observou: "Mais de noventa por cento das pessoas condenadas e presas ouviram seus pais lhe dizerem enquanto cresciam: Vão colocá-lo na cadeia". Ao invés de ensinar seus filhos a acreditarem em si mesmos, alguns pais estão arruinando-os, muitas pessoas, mesmo os que estão mais próximos a eles, não acreditam neles. Não têm ninguém ao seu lado. Não imaginam que mesmo algo pequeno como uma flor, pode fazer diferença na maneira como uma pessoa inicia um novo dia.

3. A maioria das pessoas conhece quando alguém confia nelas

O instinto das pessoas é muito bom para conhecer quando outros confiam nelas. Podem sentir se é um sentimento genuíno ou apenas fingimento. E ter verdadeira confiança em uma pessoa pode mudar a vida dela. A esposa de Jim, Nancy, freqüentemente diz: "Quando você acredita nas pessoas, elas fazem o impossível".

Em seu livro *Move Ahead with Possibility Thinking,* Robert Schuller, amigo de John, pastor da Catedral de Cristal em Garden Grove, Califórnia, conta uma estória maravilhosa sobre um incidente que mudou sua vida quando ainda era menino. Aconteceu quando seu tio confiou nele e demonstrou isso com palavras e atitudes:

> Chegou dirigindo seu carro passando pelo celeiro não pintado e parou em frente ao nosso portão em meio a uma nuvem de poeira de verão. Corri descalço pela varanda e vi meu tio Henry saltar do carro. Ele era alto, muito elegante e terrivelmente cheio de vida e energia. Após ter passado muitos anos vivendo no exterior como missionário na China, estava visitando nossa fazenda em Iowa. Ele correu para o velho portão e colocou suas duas grandes mãos nos meus ombros de apenas quatro anos de idade. Deu-me um largo sorriso, desarrumou meu cabelo já despenteado, e disse: "Bem! Acho que você é o Robert! Acho que você será um pregador algum dia". Naquela noite orei em particular: "E querido Deus, faça de mim um pregador quando eu crescer!". Acredito que Deus fez de mim naquela ocasião e lugar alguém que pensa positivamente.

À medida que você trabalha para tornar-se uma pessoa que influencia outras, sempre se lembre que seu objetivo não é fazer com que as pessoas pensem melhor sobre você mesmo. Seu objetivo é fazer com que as pessoas pensem melhor sobre si mesmas. Confie nelas e começarão a fazer exatamente isso.

As dificuldades raramente derrotam pessoas; a falta de fé em si mesmas é que normalmente traz a derrota.

4. A maioria das pessoas realizará todo o possível para fazer jus à sua confiança nelas

As pessoas melhoram ou pioram para ir de encontro às expectativas que se tem sobre elas. Se expressar ceticismo ou dúvida sobre os outros, retribuirão sua falta de confiança com mediocridade. Mas se acreditar nelas e contar com seu sucesso, andarão a milha extra procurando fazer o melhor de si mesmas. E nesse processo, tanto elas como você serão beneficiados.

John H. Spalding expressou o pensamento da seguinte maneira: “Aqueles que acreditam em nossa capacidade fazem mais do que nos estimular. Criam para nós uma atmosfera na qual se torna mais fácil ser bem sucedido”.

Se você nunca foi alguém que acredita nas outras pessoas, e coloca nelas a sua confiança, mude sua maneira de pensar e comece a acreditar nelas.

Sua vida melhorará rapidamente. Quando se acredita nas outras pessoas, dá-se a elas um incrível presente. Presenteie dinheiro, e será rapidamente gasto. Dê recursos, e talvez não sejam usados da melhor maneira possível. Dê auxílio, e as pessoas, em curto espaço de tempo, sempre se encontrarão de volta ao ponto inicial. Porém dê-lhes sua fé, e se tornarão seguras, energizadas e auto-confiantes.

As pessoas se tornarão motivadas para alcançar o que necessitam para tornarem-se bem sucedidas por si mesmas. E então, mais tarde, se compartilhar com elas dinheiro, recursos e ajuda, serão mais capacitadas para utilizá-los na construção de um futuro melhor.

A Fé É a Convicção em Ação

Nos anos de 1800, um vendedor do interior do leste chegou a uma cidade perto das grandes planícies. Enquanto conversava com o dono de uma loja de variedades, entrou na loja um fazendeiro. O dono desculpou-se e foi atender o cliente. Enquanto o dono da loja e o fazendeiro conversavam, o vendedor pôde ouvir por acaso um pouco da conversa. Parecia que o fazendeiro queria crédito para comprar algo de que necessitava.

"Você está cercando sua propriedade durante esta primavera, Jake?" perguntou o dono da loja. "Certamente que sim, Bill", disse o fazendeiro. "Cercando o lado interno ou externo da propriedade?". "O lado interno. Estou cercando 360 acres do outro lado do riacho". "Que bom, Jake. Você tem crédito. Diga ao Steve lá fora, nos fundos da loja, o que necessita".

O vendedor estava pasmo. "Conheço todos os tipos de sistemas de crédito", disse, "Mas nunca vi algum como este. Como funciona?". "Bem", disse o dono da loja, "deixe-me contar. Se um homem está cercando o lado externo significa que ele está com medo, esforçando-se apenas para manter o que já conseguiu. Porém, se está cercando o lado interno da fazenda, significa que está crescendo e tentando melhorar. Sempre dou crédito ao homem que está cercando o lado interno pois isso significa que acredita em si mesmo".

Acreditar nas pessoas requer mais do que apenas palavras ou sentimentos positivos a respeito delas. Temos que ajudá-las com nossas ações. Como claramente vê W. T. Purkiser, professor emérito de religião na escola Point Loma College: "A fé é mais do que pensar que algo é verdadeiro. Fé é pensar que algo é verdadeiro a ponto de agirmos conforme a mesma".

Se você quer ajudar outras pessoas e causar um impacto positivo na vida delas, precisa tratá-las com este tipo de confiança. Ralph Waldo Emerson disse: "confie nas pessoas e se mostrarão verdadeiras para você; trate-as com importância e elas agirão como pessoas importantes". Torne-se alguém que acredita nas pessoas, e mesmo as inesperientes e as que estão tentando acertar, florescerão diante de seus olhos.

Como Tornar-se Confiante nas Pessoas

Somos privilegiados pois fomos criados em ambientes positivos, favoráveis à auto-afirmação. Como resultado, temos facilidade em acreditar nas pessoas e expressar esta confiança. Contudo, reconhecemos que nem todas as pessoas tiveram o benefício de crescer em um ambiente positivo. A maioria das pessoas precisa aprender a acreditar nas outras. Para construir sua confiança em outras pessoas, tente utilizar as seguintes sugestões:

Creia nas pessoas antes mesmo que alcancem o sucesso

Já percebeu quantas pessoas no mundo dos esportes dão apoio a um time a partir do momento que ele começa a ser vencedor? Isso aconteceu aqui em San Diego, há alguns anos, quando os Chargers foram campeões em sua divisão, e então ganharam todas as partidas intituladas "Play – off", o que o levou ao "Super Bowl". A cidade inteira enlouqueceu. Podia se ver por toda parte o símbolo do clube: nas casas das pessoas, no vidro traseiro dos carros, nos pins de lapela e por aí afora.

Durante a fase de sucesso dos Chargers, duas personalidades do rádio chamados Jeff e Jer organizaram a população de San Diego patrocinando um grande evento no estádio em uma manhã. O plano deles era presentear com camisetas com as cores do time as pessoas que comparecessem, e formar com elas no estacionamento do estádio um símbolo gigante do clube, um raio. Então, utilizando um helicóptero, tirariam uma foto e a publicariam no jornal na manhã seguinte. Para isso eram necessárias milhares de pessoas, mas os organizadores tinham esperança de que teriam o número necessário. Imagine a surpresa que tiveram quando tantas pessoas apareceram que chegaram a esgotar todas as camisetas e, além de formar "o raio, humano", formaram uma moldura extra. Foi um evento tão grande que algumas emissoras transmitiram as imagens pela televisão, nos programas de noticiário nacional.

Todas as pessoas amam um campeão. É fácil acreditar em pessoas que já provaram sua capacidade. É muito mais difícil acreditar nas pessoas antes que provem sua capacidade. Totavia, essa é chave para motivar pessoas a alcançar o seu potencial. É necessário acreditar nelas em primeiro lugar, antes que se tornem pessoas bem sucedidas, e algumas vezes antes mesmo que elas creiam em si mesmas. O escritor e moralista francês, Joseph Joubert, disse: "Ninguém pode dar fé a menos que tenha fé. É aquele que está persuadido, que persuade a outros". É necessário acreditar nas pessoas antes de persuadí-las a crerem em si mesmas.

Algumas pessoas em sua vida desejam desesperadamente acreditar em si mesmas, mas têm pouca esperança. À medida que interagir com elas, lembre-se do lema do herói francês da primeira guerra mundial, Marshal Ferdinand Foch: "Não existem situações sem esperança; existem apenas homens e mulheres que cresceram sem esperança sobre si mesmos". Todas as pessoas possuem sementes importantes dentro de si, mesmo que estejam adormecidas. Contudo, quando se acredita nas pessoas, as sementes são regadas e recebem a chance de crescer. Toda vez que se acredita nas pessoas, está se dando água para o desejam sustento da vida, temperatura adequada para crescimento, alimento e luz. Se continuar a encorajar estas pessoas através de sua confiança nelas, no devido tempo florescerão.

Enfatize os pontos fortes das pessoas

Mencionamos anteriormente que muitas pessoas equivocadamente pensam que, para influenciar a vida de outras pessoas, precisam ser uma "autoridade" e apontar as deficiências dos outros. As pessoas que tentam esse tipo de aproximação tornam-se como Lucy, do quadro cômico "Peanuts", de Charles Schulz. Em um quadro Lucy diz ao pobre Charlie Brown: "Você, Charlie Brown, é uma falha na linha mestra da vida! Você está na sombra da trave do seu próprio gol! Você é uma pessoa errada! Você é como frutos dos últimos jardins! Você é como um pedaço quebrado da décima moldura ... Você é como um lance livre perdido, como a nona haste de ferro, o chamado terceiro strike! Você entendeu? Fui clara?". Isso dificilmente é uma maneira de se influenciar positivamente a vida de uma outra pessoa!

O caminho para se tornar uma influência positiva na vida de outros está exatamente na direção contrária. A melhor maneira para mostrar às pessoas que acredita nelas e motivá-las, é colocar sua atenção em seus pontos fortes. De acordo com o autor e executivo do ramo de publicidade, Bruce Barton: "Nada explêndido jamais foi atingido, exceto por aqueles que ousaram crer que algo dentro deles era superior às circunstâncias". Enfatizando os pontos fortes das pessoas, estará ajudando-as a crer que possuem o que precisam para serem bem sucedidas.

A chave para motivar pessoas a atingirem o seu potencial é acreditar nelas antes que tenham demostrado quem são.

Elogie as pessoas em particular e publicamente, por aquilo que fazem bem. Diga a elas o quanto aprecia suas habilidades e qualidades positivas. E todas as vezes que tiver oportunidade de cumprimentá-las e elogiá-las na presença de seus familiares e amigos mais chegados, faça-o.

Faça uma lista dos sucessos que as pessoas tiveram no passado

Mesmo quando se enfatiza os pontos fortes das pessoas, poderá ser necessário encorajá-los para mostrar-lhes sua confiança e torná-los motivados. A empreendedora Mary Kay Ash advertiu: "Cada pessoa tem pendurado em seu pescoço uma placa dizendo: 'faça com que eu me sinta importante!' Nunca esqueça esta mensagem quando trabalhar com pessoas". Uma das melhores maneiras para fazer isso é ajudar as pessoas a lembrarem-se de seus sucessos passados.

O episódio de Davi e Golias mostra um clássico exemplo de como sucessos passados podem ajudar uma pessoa a acreditar em si mesma. Você deve se lembrar da história da Bíblia. Um campeão dos filisteus chamado Golias, de nove pés de altura, colocou-se diante do exército de Israel e zombou deles diariamente durante quarenta dias desafiando-os a enviar um guerreiro que o enfrentasse. No quadragésimo dia, um jovem pastor chamado Davi, veio à linha de frente da batalha para trazer comida a seus irmãos, que faziam parte do exército de Israel. Enquanto ali estava testemunhou o desprezo com que o gigante zombava e desafiava o exército. Davi ficou tão furioso que disse a Saul, rei de Israel, que queria enfrentar o gigante. Eis o que aconteceu:

> **E Davi disse a Saul: "Não desfaleça o coração de ninguém por causa dele; teu servo irá, e pelejará contra este filisteu". Saul respondeu disse a davi "Contra este filisteu não poderás ir para pelejar, pois tu ainda és moço, e ele homem de guerra desde a sua mocidade". Então disse Davi a Saul "Teu servo apascentava as ovelhas de seu pai, e vinha um leão ou um urso, tomava uma ovelha do rebanho. E eu saía após ele, o ferí e livrei a ovelha da sua boca; e, levantando-se ele contra mim, lancei-lhe mão da barba, o feria e o matava. Assim feria o teu servo o leão, como o urso... O Senhor,**

me livrou da pata do leão e da mão do urso, me livrará da mão deste filisteu"[1]

Davi olhou para seus sucessos passados e confiou em suas ações futuras. E, é claro, quando enfrentou o gigante, derrubou-o como uma árvore, não usando nada além de uma pedra e uma funda. E quando cortou a cabeça de Golias, seu sucesso inspirou seus compatriotas; eles derrotaram o exército dos filisteus.

Nem todas as pessoas possuem a habilidade natural de reconhecer sucessos passados e extrair deles confiança. Algumas precisam de ajuda. Se puder mostrar a outras pessoas, que tiveram sucesso no passado, e ajudá-las a enxergar que as suas vitórias passadas pavimentaram a estrada para o sucesso futuro, estarão mais capacitadas a agir. Listar sucessos passados ajuda as pessoas a acreditarem em si mesmas.

Continue confiando nas pessoas mesmo quando falham

Após ter encorajado pessoas e acreditado nelas, e elas começarem a crer que podem ter sucesso na vida, irão encontrar-se rapidamente em críticas encruzilhadas. Na primeira ou segunda vez que falharem – e falharão, porque isso faz parte da vida – terão duas opções. Poderão desistir ou prosseguir.

Algumas pessoas se recuperam rapidamente e desejam manter-se tentando para alcançar o sucesso, mesmo quando não enxergam progresso imediato. Porém outras não são assim tão determinadas. Algumas entrarão em colapso ao primeiro sinal de problema. Para dar-lhes um empurrão e inspirálas, é necessário continuar demonstrando sua confiança nelas, mesmo quando estão errando ou conseguindo resultados pobres.

Uma das maneiras de fazer isso é contar a elas sobre seus traumas e problemas passados. Algumas vezes as pessoas pensam que se você está tendo sucesso atualmente, é porque sempre esteve assim. Elas não compreendem que você já teve sua parte de quedas, fracassos e já tateou. Mostre a elas que o sucesso é uma jornada, um processo e não um lugar de destino. Quando entenderem que você já fracassou mas ainda assim conseguiu reconduzir-se ao sucesso, compreenderão que o fracasso momentâneo pode ser vencido. Dessa maneira a confiança delas permanecerá intácta. Aprenderão a pensar como o legendário jogador de baseball Babe Ruth, quando declarou: "Nunca deixe o medo de lutar por seus objetivos entrar em seu caminho".

Tenham juntos algumas experiências vitoriosas

Não é o bastante conhecer que o fracasso faz parte do processo de mover-se adiante na vida. Para realmente tornar-se motivadas para o sucesso, as pessoas precisam crer que podem vencer. John, como muitos de nós, conheceu o sabor da vitória quando ainda criança. Ele conta:

> **À medida que eu crescia, tinha meu irmão Larry, que é dois anos e meio mais velho que eu, como um ídolo. Depois de meus pais, ele foi provavelmente a pessoa que mais me influenciou durante a minha infância. Larry foi sempre um grande líder e um grande atleta. Todas as vezes que jogávamos basketball, futebol ou baseball com os garotos da vizinhança, Larry era o capitão. Muitas vezes, quando os times eram formados, eu era um dos últimos a ser escolhido, por ser mais jovem e menor do que a maioria das crianças. Porém, quando me tornei mais velho, Larry começou a escolher-me para seu time mais freqüentemente, e isso fazia com que me sentisse muito bem, não apenas porque significava que meu irmão se importava comigo, mas porque sabia que estaria no time vencedor. Larry era um competidor feroz e não gostava de perder. Sempre jogava para ganhar, e geralmente ganhava. Vencemos juntos muitas vezes, e todas as vezes que jogava com meu irmão esperava ser vencedor.**

Vencer é motivador. O novelista David Ambrose reconheceu a seguinte verdade: "Quando se tem o desejo de vencer já se atingiu a metade do sucesso; quando não, a metade do fracasso". Trazer pessoas a seu lado com o objetivo de experimentar algumas vitórias com você, dá-lhes razões para crer que serão bem sucedidas. E nesse processo, experimentam a vitoria. Começam a acontecer, então, coisas inacreditáveis na vida delas. Veja a seguinte comparação entre o que acontece quando as pessoas experimentam a vitória versus quando experimentam a derrota:

Quando experimentam a vitória	**Quando experimentam a derrota**
Sacrificam-se para ter sucesso	Dão o mínimo possível de si
Procuram maneiras de vencer	Procuram desculpas
Tornam-se vigorosas	Tornam-se cansadas
Seguem o plano de jogo	Abandonam os planos
Ajudam outros membros do time	Ferem a outras pessoas

Para ajudar pessoas a crer que podem alcançar a vitória, coloque-as em situações tais que alcancem pequenos sucessos. Encoraje-as a fazer tarefas ou assumir responsabilidades que você sabe que podem fazer bem. E dê a assistência necessária para que sejam bem sucedidas. Como disse o orador grego Demóstenes: "Pequenas oportunidades são sempre o começo de grandes empreendimentos". Com o passar do tempo, à medida que sua confiança cresce, elas assumirão desafios mais difíceis, porém serão capazes de enfrentá-los com confiança e competência por causa do histórico positivo que têm construído.

Visualize um futuro bem-sucedido para as pessoas

Ouvimos falar de uma experiência feita com ratos em laboratório para medir a motivação deles a viver sob diferentes circunstâncias. Os cientistas colocaram um rato dentro de uma jarra com água em um lugar totalmente escuro, e cronometaram por quanto tempo o animal continuaria nadando antes de desistir e deixar-se afogar. Concluíram que o rato duraria pouco mais de três minutos. Então colocaram outro rato no mesmo tipo de jarra, porém ao invés de completa escuridão, permitiram que um pequeno facho de luminosidade atingisse a jarra. Sob estas circunstâncias, o rato se manteve nadando por trinta e seis horas. Isto representa mais de setecentas vezes o que o outro suportou na escuridão! Pelo fato de poder ver, continuou a ter esperança.

Se isto é verdadeiro com animais em laboratórios, imagine como o efeito da visualização pode ser forte nas pessoas, pois são capazes de raciocinar em um nível muito mais elevado. Costuma-se dizer que uma pessoa pode viver quarenta dias sem comida, quatro dias sem água, quatro minutos sem ar porém apenas alguns segundos sem esperança. Todas as vezes que se lança uma visão para outras pessoas e desenha-se um quadro de futuro sucesso para elas, são edificadas, motivadas e recebem razões para prosseguir.

Tenha esperança de alcançar um novo nível de vida

O estadista alemão Konrad Adenauer observou: "Vivemos todos sob o mesmo céu, porém não temos todos o mesmo horizonte". Como um influenciador sua tarefa é ajudar outras pessoas a enxergar além do hoje e de suas atuais circunstâncias e sonhar grandes sonhos. Quando coloca sua confiança nas pessoas, está ajudando-as a expandir seus horizontes e motivando-as a mover-se a um nível de vida completamente novo.

Para ajudar pessoas a crerem que podem alcançar a vitória, coloque-as em situações tais que alcancem pequenos sucessos.

O que completa essa nova maneira de viver é uma mudança de atitude. De acordo com Denis Waitley, "A fronteira da vitória não reside no nascimento privilegiado, em um alto QI, ou no próprio talento. A fronteira da vitória reside na atitude e não nas aptidões pessoais. A atitude é o critério para o sucesso". À medida que as atitudes das pessoas mudam de dúvida para confiança – em si mesmas e em sua habilidade de tornarem-se bem sucedidas e atingir seu potencial – tudo em sua vida muda para melhor.

Jim e Nancy ganharam inspirações incríveis sobre o poder que existe em colocar sua confiança em outras pessoas, há muitos anos, quando decidiram ir com seu filho Eric a uma montanha no estado de Utah. Aqui está o relato de Jim:

> **Quando se tem uma criança deficiente, existe uma luta constante, uma guerra de emoções entre oferecer novas experiências e proteger a criança de ferimentos ou fracassos. Nossa vida com Eric não tem sido exceção. Apesar de suas limitações, que incluem a necessidade de usar uma cadeira de rodas e pouco uso de sua mão direita, Eric tem um espírito muito positivo. E sempre que existe qualquer dúvida em experimentar algo novo, parte de Nancy e de mim, nunca de Eric. Há cerca de cinco anos atrás, Nancy teve a idéia de que deveríamos levar Eric para esquiar. Uma amiga lhe falou de um lugar em Park City, em Utah, chamado National Ability Center. Ali é oferecida a pessoas com deficiências, instrução e assistência em esqui na neve, natação, tênis, esqui aquático, cavalgada, como manejar uma jangada e outras atividades. Ela pensou que poderia ser uma ótima experiência para o fortalecimento da auto-estima de Eric.**
>
> **Tenho que admitir que fui cético sobre a idéia desde o princípio. Sabendo o quão difícil a prática desse esporte é para mim, imaginei como seria para Eric descer em velocidade uma montanha de dez mil pés. E esse pensamento ainda era reforçado por saber que um sopro sobre a cabeça de Eric poderia levá-lo a complicações que o colocariam no hospital para mais cirurgias no cérebro. Porém, Nancy acreditava que Eric podia fazê-lo, e quando ela acreditava, ele também. E**

fomos tentar. Quando subimos em direção a Deer Valley e nos encontramos com alguns funcionários do National Ability Center, comecei a sentir-me um pouco melhor sobre o assunto. Eram profissionais e extremamente positivos, e nos mostraram o equipamento que Eric estaria utilizando, um tipo de esqui duplo com um assento. Seria colocado sentado e dirigiria usando uma barra articulada ligada aos esquis. Quando iniciamos o preeenchimento dos papeís de autorização para esta atividade, ficamos momentâneamente paralizados ao ler o parágrafo que dizia que Eric poderia "aderir a atividades que envolvem riscos de graves ferimentos, incluindo desabilitação permanente ou morte". Isso fez com que o risco parecesse bastante real, porém, a esta altura Eric estava bastante animado, e não queríamos que visse qualquer hesitação em nós. Após ajustar Eric em seu esqui duplo prendendo-o com Velcro, e dar-lhe instruções, Stephanie, sua jovem instrutora, levou-o à "Rampa do Coelho", na montanha. Após cerca de dez minutos, ficamos muito animados ao ver Eric descer a montanha com um enorme sorriso. Sentimonos tão orgulhosos dele que comemoramos em alta voz e dando-lhe tapinhas nas costas. Pensei comigo mesmo: 'nada mal'. Tendo terminado subiram novamente. O que não sabíamos é que desta vez iriam ao topo da montanha. Estávamos aguardando ao pé da montanha. E aguardamos. Não tinhamos certeza se veríamos Eric descer pela montanha em seus esquis ou em uma maca com patrulheiros da área de esqui. Finalmente após cerca de trinta minutos, vimo-lo descer com Stephanie inclinados esquiando até a base da montanha. A face deles estava corada, e ele estava sorrindo como o gato Cheshire. Ele amou tudo aquilo. "Depois desta, papai", disse ao passar por nós, "subirei novamente".

Eric esquiou o dia inteiro durante aquela viagem. De fato, quando terminou de esquiar em um outro dia, nos disse: "Stephanie não me levou ao topo da montanha hoje".

"Oh", disse Nancy, "Então quem esquiou com você?"

"Um cara de uma perna só", respondeu Eric.

"O que!" bradou Nancy. "O que significa um cara de uma perna só?" "Sim", disse Eric, "Um cara de uma perna só". Eric sorriu maliciosamente e disse: "Querem saber como perdeu uma perna? Avalanche!".

A partir de então Eric passou a esquiar todos os anos, e sua vida nunca mais foi a mesma. Tem agora uma confiança como nunca dantes, e quer experimentar fazer qualquer coisa nova. Nada três vezes por semana, faz exercícios com pesos, joga futebol para deficientes e faz muitas outras coisas. Acho que podemos dizer que adotou para si o lema do National Ability Center: "Se posso fazer isso, posso fazer qualquer coisa!".

Se tivessem feito as coisas à maneira de Jim, Eric nunca teria tido a chance de experimentar o que experimentou na montanha de Utah há cinco anos atrás. Jim ama Eric com todo o seu coração, mas deseja mantê-lo em segurança. Colocar sua confiança nas outras pessoas envolve um risco. Contudo, a recompensa excede os riscos. Robert Louis Stevenson disse, "Ser o que somos, e tornarmo-nos o que somos capazes de ser, é o único objetivo da vida". Quando coloca sua confiança nas outras pessoas, está ajudando-as a alcançar o potencial que possuem. E você se torna um importante influenciador na vida delas.

Checklist de Influência

ACREDITANDO NAS PESSOAS

- ❑ **Encontre um ponto forte.** Pense em alguém que gostaria de encorajar. Encontre um ponto forte que essa pessoa tem, e conte-o a ele, ou ela. Use sua interação como oportunidade para expressar confiança na pessoa.

- ❑ **Construa sobre as bases do sucesso passado.** Se precisar dar a alguém uma tarefa difícil em um futuro próximo, gaste algum tempo relembrando os sucessos passados dele ou dela. Então, quando encontrar-se com a pessoa, revise os sucessos passados. (Se você inicia este processo mas não se lembra de nenhum sucesso passado, é sinal de que gastou pouco tempo para conhecer a pessoa. Planejem passar algum tempo juntos para se conhecerem melhor.)

- ❑ **Ajude outras pessoas a superar derrotas.** Se você tem colegas, amigos, empregados ou membros da família que recentemente passaram por algum tipo de derrota, tome tempo para conversar com eles sobre isso. Deixe-os contar a estória completa, e quando terminarem, deixe claro que as valoriza e ainda acredita nelas fortemente.

- ❑ **Comece corretamente.** Na próxima vez que recrutar pessoas para sua organização, inicie os relacionamentos de forma correta. Ao invés de esperar que provem sua capacidade para então elogiá-las, expresse por repetidas vezes sua confiança nelas e em suas habilidades, antes que dêem resultados. Será muito agradável ver o desejo delas em fazer todo o possível para ir de encontro às suas expectativas positivas.

4

Uma pessoa de influência ...

Ouve as Outras Pessoas

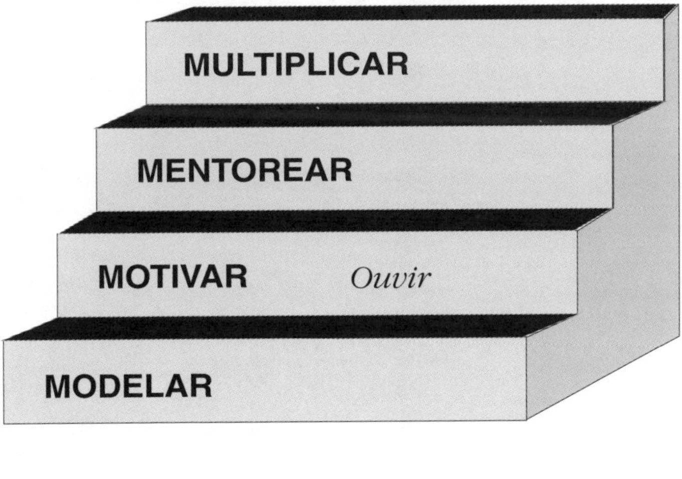

Se você fosse à uma entrevista de trabalho hoje, qual seria em sua opinião a habilidade mais importante que necessitaria? Seria a escrita, para criar um impressionante curriculum vitae resumido? Seria a habilidade de vender? Afinal de contas, não é o que se faz em uma entrevista, vender-se a si mesmo? Ou que tal o carisma? Se for carismático, certamente terá o trabalho que deseja, certo?

Ou digamos que ao invés de ir a uma entrevista, fosse passar seu dia recrutando pessoas, seja para prospecção de negócios, trabalho ministerial ou pessoas para jogar em seu time de softball. Que habilidade precisaria para recrutar? Discernimento? Um olho clínico para identificar talentos? A habilidade de lançar uma visão e tornar as pessoas motivadas? Ou seriam habilidades de negociação?

Melhor que isso, digamos que o seu trabalho hoje fosse oferecer novas idéias à sua organização. Que qualidades seriam necessárias? Criatividade? Inteligência? Precisaria de uma boa educação? Qual seria a habilidade número um necessária?

Não importaria qual dessas três tarefas desempenhasse hoje, precisaria de uma habilidade mais do que todas as outras, mais do que talento, discernimento ou charme. É a habilidade que todos os grandes líderes reconhecem como indispensável para a sua habilidade de influenciar outras pessoas e serem bem sucedidas. Já imaginou qual é? É a habilidade de ouvir.

Nem todas as pessoas aprendem rapidamente a lição da importância de ouvir. Tome, por exemplo, a experiência de Jim:

> **Recém formado pela escola de engenharia da Universidade Purdue, comecei minha carreira no ambiente corporativo na empresa McDonnell-Douglas que tinha quarenta mil empregados. Estava trabalhando no grupo de projeto avançado para o DC-10 fazendo análises de túnel de vento e simulações em computador da performance do avião.**

Não levou muito tempo para compreender que não ficaria na mesma posição pelo resto de minha carreira. Algumas das pessoas com quem trabalhei estavam ali há duas décadas, e nada mudou neles nesses vinte anos. Estavam em compasso de espera, esperando pelo relógio de ouro como prêmio por tempo de casa.Eu, porém, queria causar um impacto maior em meu próprio mundo.

Foi quando comecei a buscar outras oportunidades de negócio, e quando achei a correta, comecei a tentar recrutar outros que se juntassem a mim. Na ocasião minha estratégia era encontrar pessoas no grande refeitório dos funcionários. Após enfrentar a fila para pegar meu almoço, procuraria sentar-me ao lado de um colega de olhar penetrante e iniciar com ele uma conversa. Na primeira chance que tivesse eu o bombardearia com informações e tentaria persuadí-lo com fatos impressionantes e lógica irrefutável. Cheguei a direcionar conversas de modo a intimidar algumas pessoas com a força de minhas convicções, mas não tive sucesso na edificação de um relacionamento construtivo com qualquer pessoa.

Passei vários meses fazendo isso, com muito pouco resultado, quando um dia conversei com um rapaz de outro departamento. Ele estava me contando sobre as frustrações que estava tendo com seu chefe, e sobre alguns problemas que estava tendo em casa. Havia recentemente descoberto que seu filho mais velho precisava de apoio, e o seu velho carro já estava nas piores condições, e ele não sabia como resolver esses casos. Eu realmente senti por ele e queria conhecê-lo melhor. Então, de repente descobri que podia ajudá-lo. Ele estava se sentindo menos eficaz no trabalho, e tinha problemas de dinheiro – duas coisas em que ele poderia ser ajudado se estivesse em seu próprio negócio. Então, comecei a contar a ele sobre meu negócio e como poderia resolver alguns de seus problemas. E para minha surpresa ele ficou muito interessado. Naquele dia compreendi: *Que idiota eu tinha sido até*

então! Não é possível ter êxito com outras pessoas despejando informações sobre elas. Se quero ajudá-las ou ter um impacto positivo sobre elas, preciso aprender a ouvi-las!

O Valor de Ouvir as Pessoas

Edgar Watson Howe disse uma vez em tom jocoso: "Ninguém lhe ouviria falar se não soubesse que a seguir seria sua vez". Infelizmente, esse pensamento descreve precisamente a maneira como muitas pessoas lidam com a comunicação – estão tão ocupados por esperar sua vez de falar, que não conseguem realmente ouvir os outros. Porém, pessoas de influência compreendem o incrível valor de tornar-se um bom ouvinte. Por exemplo, quando Lyndon B. Johnson era um senador iniciante pelo estado do Texas, tinha na parede de seu escritório um quadro com os seguintes dizeres: "Você não está aprendendo nada quando está participando sozinho de toda a conversa". E Woodrow Wilson, o vigésimo oitavo presidente americano, disse certa vez: "O ouvido do líder deve retinir com a voz das pessoas".

A capacidade de habilidosamente ouvir é uma das chaves para ganhar influência junto a outras pessoas. Considere os seguintes benefícios do ouvir, que encontramos:

Ouvir é mostrar respeito

A psicóloga Dra. Joyce Brothers, disse: "Ouvir, não imitar, deve ser a forma mais sincera de lisonjear alguém". Quando não se presta atenção ao que as outras pessoas têm a dizer, está se enviando a elas a mensagem de que não são valorizadas. Contudo, quando você as ouve, comunica que as respeita. Ainda mais, mostra que se importa com elas. O filósofo e teólogo nascido na Alemanha, Paul Tillich comentou: "O primeiro dever do amor é ouvir".

Um erro freqüente que as pessoas cometem quando se comunicam é procurar demasiadamente impressionar a outra pessoa. Tentam parecer inteligentes, vivas ou agradáveis.

Mas se deseja relacionar-se bem com outras pessoas, precisa estar disposto a dar toda atenção aquilo que têm para oferecer. Seja impressionado e interessado e não impressionante e interessante.

O filósofo e poeta Ralph Waldo Emerson reconheceu: "Todo ser humano com quem me encontro é de alguma maneira superior a mim, e posso aprender com ele". Lembre-se disso e ouça, e as linhas da comunicação realmente se abrirão.

Ouvir as pessoas constrói relacionamentos

Dale Carnegie, autor do livro *How to Win Friends and Influence People,* advertiu: "Você pode fazer mais amigos em duas semanas tornando-se um bom ouvinte do que faria em dois anos tentando ser interessante para as outras pessoas". Carnegie foi incrivelmente privilegiado no entendimento dos relacionamentos. Ele reconheceu que as pessoas focadas em si mesmas e que falam de si mesmas e de suas preocupações durante todo o tempo, raramente desenvolvem fortes relacionamentos com outras pessoas. David Schwartz observou no livro *The Magic of Thinking Big,* "As grandes pessoas monopolizam o ouvir. As pequenas, o falar". Tornando-se um bom ouvinte, você se torna capaz de conectar-se a outras pessoas em mais níveis e desenvolver relacionamentos mais fortes e profundos porque está indo de encontro a uma necessidade. O autor C. Neil Strait apontou que "Todas as pessoas precisam de alguém que elas sintam que realmente as ouvem". Quando você se torna este importante ouvinte, ajuda aquela pessoa. E dá um significante passo na direção de tornar-se uma pessoa de influência na vida dele ou dela.

Ouvir as pessoas aumenta o conhecimento

Wilson Mizner disse: "O bom ouvinte não é apenas popular em todos os lugares, mas também depois de um certo tempo ele passa a conhecer algumas coisas". É surpreendente o quanto se pode aprender sobre seus amigos e família, seu trabalho, a organização onde trabalha e sobre si mesmo quando se decide realmente ouvir as outras pessoas. Porém nem todos compreendem este benefício. Por exemplo, ouvimos uma estória sobre um professor de tênis que estava dando aula a um novo aluno. Após ver o novato fazer movimentos errados diante da bola, o professor o interrompeu e sugeriu maneiras para melhorar suas jogadas. Todavia, cada vez que o professor fazia assim, o aluno também o interrompia e dava sua opinião sobre o problema e como poderia ser resolvido. Após várias interrupções, o professor passou a acenar com sua cabeça em sinal de concordância.

Quando a aula terminou, uma mulher que havia observado, disse ao professor: "Porque você tolerou as sugestões estúpidas daquele homem arrogante?".

Você nunca saberá quão próximo está de uma idéia de um milhão de dólares a menos que esteja disposto a ouvir.

O professor respondeu sorrindo: "Aprendi há muito tempo que é inutil tentar vender respostas reais para alguém que só quer comprar ecos".

Cuidado para não colocar-se em posição de pensar que sabe todas as respostas. Todas as vezes que fizer isso estará se colocando em perigo. É praticamente impossível considerar-se o especialista, e continuar ao mesmo tempo crescendo e aprendendo. Todos os grandes aprendizes são grandes ouvintes.

Um problema comum, à medida que as pessoas ganham mais autoridade, é que elas sempre passam a ouvir aos outros menos e menos, especialmente às pessoas que se reportam a elas. Enquanto é verdade que quanto mais alto se vai menos se está obrigado a ouvir aos outros, é também verdade que aumenta a necessidade de se ter melhor habilidade para ouvir. Quanto mais distante alguém se torna da linha de frente, mais dependerá de outras pessoas para obter informações confiáveis. Somente se desenvolver cedo boas habilidades para ouvir, e continuar a utilizá-las, será capaz de reunir as informações que precisa para ser bem sucedido.

À medida que você avançar na vida e se tornar mais bem sucedido, não perca de vista sua necessidade de crescimento e aprimoramento pessoal. E lembre-se, um ouvido surdo é a evidência de uma mente fechada.

Ouvir gera idéias

Idéias novas e inovadoras nos ajudam a encontrar novas maneiras para resolver antigos problemas, a gerar novos produtos e processos para manter nossas organizações crescendo, e continuar crescendo e nos aprimorando pessoalmente. Plutarco, da Grécia antiga, afirmou: "Saiba como ouvir, e tirará proveito até mesmo daqueles que se expressam mal".

Quando pensamos sobre empresas inovadoras, a quem parece que nunca faltarão idéias, nos lembramos imediatamente da empresa 3M. Parece que essa empresa desenvolve novos produtos mais rapidamente que qualquer outra. Essa organização é conhecida por ser aberta a idéias de funcionários e por ouvir seus clientes. De fato, um representante da 3M declarou que o recurso número um para geração de idéias de novos produtos eram as reclamações de clientes.

As boas empresas têm a reputação de ouvir as pessoas que nelas trabalham. Os restaurantes Chili, que de acordo com a revista Restaurants and Institutions, é uma das redes de serviço de comida mais bem administrada do país, também é conhecida por aquela qualidade. Quase oitenta por cento de seu cardápio é composto por sugestões dos gerentes de suas unidades.

O que é bom para empresas bem sucedidas é bom para indivíduos. Quando se ouve aos outros de forma consistente, nunca faltam idéias. As pessoas amam colaborar, especialmente quando seu líder compartilha os créditos com elas. Quando as pessoas têm oportunidades de compartilhar seus pensamentos e são ouvidas com mente aberta, existirá sempre um fluxo de novas idéias. E mesmo que venham idéias que na prática não funcionarão, o simples fato de ouvi-las pode levar a outros pensamentos criativos. Você nunca saberá quão próximo está de uma idéia de um milhão de dólares, a menos que esteja disposto a ouvir.

Ouvir constrói a lealdade

Algo engraçado ocorre quando não se faz do ouvir as pessoas uma prática. Elas encontrarão outros que o façam. Sempre que empregados, cônjuges, colegas, filhos ou amigos não acreditam mais que estejam sendo ouvidos, buscarão quem lhes dê o que desejam. Algumas vezes as consequências podem ser desastrosas: O fim de uma amizade, a falta de autoridade no trabalho, a diminuição da influência dos pais na vida dos filhos ou o rompimento de um casamento.

Ninguém jamais ouviu-se a si mesmo fazendo uma venda.

Por outro lado, a prática de boas habilidades para ouvir, aproxima as pessoas de você. Karl Menninger, psiquiatra, escritor, e um dos fundadores da Fundação Menninger, disse: "Nos movemos na direção dos amigos que nos ouvem, e desejamos estar em seu raio de ação". Toda pessoa ama um bom ouvinte e é atraído por ele ou ela. Se você consistentemente ouvir as outras pessoas, valorizando-as, bem como o que têm para oferecer, desenvolverão espontâneamente uma forte lealdade para com você, mesmo quando sua autoridade sobre elas for extra-oficial ou informal.

Ouvir é uma ótima maneira para ajudar a outras pessoas e a si mesmo

Roger G. Imhoff instou: "Deixe que outras pessoas tenham confiança em você. Talvez isso não lhe ajude, mas com certeza as ajudará". À primeira vista, pode parecer que ouvir a outras pessoas traz benefício apenas a elas. Porém quando você se torna um bom ouvinte, se coloca em posição de também ajudar-se a si mesmo. Ganha a habilidade de desenvolver fortes relacionamentos, reunir valiosas informações e aprimorar seu entendimento a respeito de si mesmo e de outras pessoas.

As Barreiras mais Comuns ao Ouvir

Poucas pessoas alcançaram seu potencial em termos de ouvir. Se você não tem a habilidade que gostaria de ter para ouvir, a primeira coisa a fazer para melhorar essa habilidade é estar atento às barreiras mais comuns ao ouvir.

Supervalorizar o falar

Um humorista descreveu certa vez o ouvir como sendo "Composto por rudes interrupções em meio às minhas exclamações". As atitudes de muitas pessoas em relação ao ato de ouvir estão de acordo com essa frase, em maior intensidade do que gostariam de admitir. Por exemplo, se perguntasse a seis pessoas como poderiam melhorar suas habilidades de comunicação, a maioria delas descreveria a necessidade de se tornar mais persuasivas ou melhorar sua habilidade de falar em público. Poucas citariam o desejo de ouvir melhor.

A maioria das pessoas super-valoriza o falar e subvaloriza o ouvir, mesmo as que trabalham com atividades ligadas ao público, como por exemplo vendas. A verdade é que a comunicação efetiva não é persuasão. É ouvir. Pense sobre isto: Ninguém jamais ouviu-se a si mesmo fazendo uma venda.

Os bons comunicadores sabem monitorar a proporção do quanto estão falando e ouvindo. O presidente Abraham Lincoln, considerado um dos lideres e comunicadores mais efetivos na história de nossa nação, disse: "Quando estou me preparando para discutir com alguém, gasto um terço de meu tempo pensando sobre mim mesmo e o que direi – e dois terços nesta pessoa e no que ela dirá". Esta é uma boa proporção para se manter. Escute duas vezes mais do que fala.

Falta de foco

Para algumas pessoas, especialmente aquelas com alto nível de energia, pode ser desafiador acalmar-se o suficiente para realmente poder ouvir. A maioria das pessoas pode falar cerca de 180 palavras por minuto porém podem ouvir de 300 a 500 palavras por minuto. Essa disparidade pode criar tensão e fazer com que um ouvinte perca o foco. A maioria das pessoas procura preencher esse vazio na comunicação encontrando outras coisas para fazer, como sonhar durante o dia, pensar sobre a programação diária, ou ainda mentalmente revisar sua lista de coisas a fazer ou olhar para outras pessoas. É semelhante ao que fazemos quando dirigimos um carro. Raramente prestamos atenção na estrada sem fazer nada mais. Geralmente olhamos para paisagem, comemos e bebemos, conversamos ou ouvimos rádio.

Contudo, se quiser tornar-se um melhor ouvinte, precisará aprender a direcionar positivamente essa energia e atenção concentrando-se na pessoa com quem está. Observe a linguagem corporal da pessoa. Esteja atento a mudanças na expressão facial. Olhe nos olhos da pessoa. O especialista em gerenciamento Peter Drucker observou: "O mais importante em comunicação é ouvir o que não está sendo dito". Se você gastar sua energia extra observando a outra pessoa de perto e interpretando o que ele ou ela está dizendo, sua habilidade de ouvir melhorará de maneira impressionante.

Sofrer fadiga mental

O ex-presidente Ronald Reagan contou uma estória divertida sobre dois psiquiatras, um jovem e um velho. Diariamente ambos vinham trabalhar impecavelmente vestidos e bem dispostos. Porém, ao final do dia, o jovem doutor estava completamente fatigado, enquanto o velho homem estava mais bem disposto que nunca.

"Como consegue isto?" o psiquiatra jovem finalmente perguntou a seu colega. "Você está sempre tão bem disposto após ouvir pacientes o dia todo".

O mais velho respondeu: "É fácil. Eu nunca ouço".[1]

Quando você ouve as pessoas por muito tempo, o efeito pode ser exaustivo. Contudo qualquer tipo de fadiga mental pode afetar negativamente sua capacidade de ouvir.

Ouvimos uma estória sobre uma mulher de oitenta e nove anos de idade com problemas de audição. Ela foi ao médico, que, após examiná-la, disse: "Temos agora um procedimento que é capaz de corrigir seu problema auditivo. Para quando quer agendar a operação?"

"Não farei nenhuma cirurgia pois não quero corrigir minha audição", disse a mulher. "Tenho oitenta e nove anos, e já ouvi o bastante!"

Se você se sente cansado ou enfrentando circunstâncias difíceis, lembre-se que para manter-se um ouvinte eficaz, deve buscar dentro de si mais energia, concentração e permanecer focado.

Estereotipar

Estereotipar as outras pessoas pode se tornar numa grande barreira ao ouvir. Tende a nos fazer ouvir o que esperamos, ao invés daquilo que a outra pessoa está realmente dizendo. A maioria de nós pode pensar que não cai nesta armadilha, mas todos caímos com intensidades diferentes. Leia a seguinte lista cômica que quebra os esteriótipos, extraída de um quadro chamado "Coisas que eu gostaria de ouvir – porém não gostaria", criado por David Grimes. Se você nunca espera ouvir qualquer destas coisas das pessoas listadas, então deve ser culpado de estereotipar:

Do mecânico de meu carro:

"Esta peça é bem mais barata do que pensei".

"Você poderia ter esse serviço feito por um preço bem menor na outra oficina no final da rua".

"Foi apenas um fio solto. Não cobrarei nada".

Do empregado de uma loja:

"A caixa registradora computadorizada está fora de serviço. Vou totalizar suas compras com lápis e papel".

"Farei uma pausa para descanso depois que esperar para atender aqueles clientes".

"Lamentamos ter vendido mercadorias defeituosas. Vamos retirá-la em sua casa e traremos uma nova ou devolveremos todo seu dinheiro, o que preferir".

De um prestador de serviços:

"A pessoa que trabalhava neste serviço antes de mim certamente sabia o que estava fazendo".

"Acho que exagerei neste orçamento".

Do dentista:

"Acho que está exagerando no uso do fio dental"

"Não lhe perguntarei nada até que tire o instrumento de sua boca".

Do garçon que lhe atende no restaurante:

"Acho presunçoso para um garçon voluntariar seu próprio nome, mas já que perguntou, é Tim".

"Fui vagaroso e pouco atencioso. Não posso aceitar minha gorjeta".[2]

Essas frases são inteligentemente montadas. São também um lembrete de que é uma má idéia estereotipar as outras pessoas. Sempre que tratá-las apenas como um grupo e não como indivíduos, poderá ter problemas. Portanto, tome cuidado. Se ao conversar com as pessoas, surpreender-se a si mesmo pensando que são fanáticos por computadores, típicos adolescentes, pessoas da moda, típicos engenheiros inflexíveis, ou qualquer outro representante de um grupo ao invés de pessoas individualmente, tome cuidado. Talvez você não esteja realmente ouvindo o que elas têm a dizer.

Carregar uma bagagem emocional pessoal

Quase todas as pessoas possuem uma espécie de filtros emocionais, que protegem a ele ou ela de ouvir algumas coisas que outras pessoas dizem. Suas experiências passadas, tanto as positivas quanto as negativas, dão cor à maneira como você vê a vida e molda suas expectativas. E experiências particularmente fortes, como traumas ou incidentes de infância, podem fazer com que você tenda a reagir fortemente sem perceber que está em situação semelhante. Como Mark Twain disse uma vez: "Um gato que se senta em um fogão quente, nunca mais se sentará novamente em um fogão quente. Nunca mais se sentará também em um fogão frio. A partir de então, aquele gato simplesmente não gostará mais de fogões". Se nunca trabalhou suas fortes experiências emocionais passadas, deve estar filtrando o que as outras pessoas dizem, através destas experiências. Se está preocupado com certos tópicos, se um tema em particular o coloca em posição defensiva, ou se freqüentemente projeta seus pontos de vista sobre as outras pessoas, precisa trabalhar sobre seu próprio caso para posteriormente ter condições de tornar-se um ouvinte efetivo.

Sigmund Freud declarou: "Um homem com dor de dentes não pode estar apaixonado", querendo dizer que a dor de dentes não permite que veja qualquer coisa além de sua própria dor. De forma similar, todas as vezes que uma pessoa está remoendo algo, as palavras das outras pessoas são lançadas fora pelo som do moinho.

Estar preocupado consigo mesmo

A preocupação de uma pessoa consigo mesma é provavelmente a pior barreira para que ela ouça. Há muitos anos vimos na TV um desenho que realmente ilustra muito bem esse ponto. Um marido estava assistindo televisão, enquanto sua mulher procurava atrair sua atenção para uma conversa:

Esposa: Querido, o encanador não conseguiu chegar a tempo para consertar o vazamento do aquece dor de água hoje.

Marido: Uh-huh.

Esposa: Então o cano estourou e inundou o andar térreo.

Marido: Fique quieta, é o terceiro para baixo e o alvo estará adiante.

Esposa: Alguns fios ficaram molhados e quase eletrocu taram o Fluffy.

Marido: Oh, não, eles conseguiram uma brecha. Atire! Desça.

Esposa: O veterinário disse que ele estará melhor em uma semana.

Marido: Você poderia me dar algo para comer?

Esposa: O encanador finalmente chegou e disse estar feliz pela quebra de nosso encanamento, pois agora ele poderá tirar férias.

Marido: Você não está ouvindo? Disse que estou faminto!

Esposa: E, Stanley, estou deixando você. O encanador e eu estaremos viajando para Acapulco amanhã pela manhã.

Marido: Você não poderia por favor parar com todo esse barulho e dar-me algo para comer? O problema aqui é que ninguém nunca me ouve.

Se não se importa com nenhuma outra pessoa além de si mesmo, não ouvirá os outros. E o fato irônico é que quando não ouve, o dano que causa a si mesmo é, em última análise, muito maior do que o dano que causa às outras pessoas.

Como Desenvolver Habilidades para Ouvir

De acordo com Brian Adams, autor de "Sales Cybernetics", durante um dia comum, gastamos a maior parte do tempo ouvindo. Ele oferece a seguinte estatística:

9 por cento do dia é gasto escrevendo
16 por cento do dia é gasto lendo
30 por cento do dia é gasto falando
45 por cento do dia é gasto ouvindo[3]

Então você provavelmente concorda que ouvir é importante. Mas o que significa ouvir? Ouvimos uma estória sobre uma aula de música oferecida ao nível secundário, que oferece uma resposta significativa a essa pergunta. O professor da classe pede ao voluntário que explique a diferença entre ouvir e escutar. A princípio ninguém queria responder, porém finalmente um estudante levantou sua mão. Quando o professor o chamou, ele disse: "Ouvir é querer escutar".

Essa resposta é um grande começo. Para tornar-se um bom ouvinte, deve-se querer escutar. Contudo, são necessárias algumas habilidades para lhe ajudar. Aqui estão nove sugestões para ajudá-lo a tornar-se um melhor ouvinte:

1. Olhe para a pessoa que está falando

Todo o processo de ouvir tem início quando se dá à outra pessoa atenção total, não dividida. À medida que se interage com alguém, não divida atenção com outro trabalho, não desarrume papéis, não lave pratos, não veja televisão. Separe tempo para focar apenas a outra pessoa. Se não tem tempo disponível naquele momento, então agende para assim que puder.

2. Não permita interrupções

A maioria das pessoas reage de forma ruim ao ser interrompida. Isso faz com que elas se sintam desrespeitadas. De acordo com Robert L. Montgomery, autor do livro *Listening Made Easy*, "É tão rude pisar nas idéias das pessoas, quanto pisar em seus artelhos".

As pessoas que têm a tendência de interromper as outras geralmente o fazem por alguma das seguintes razões:

- Não dão suficiente valor àquilo que a outra pessoa tem a dizer.

- Querem impressionar os outros mostrando o quanto são inteligentes ou intuitivos.
- Estão tão excitadas pela conversa que não deixam a outra pessoa concluir o que está dizendo.

Se você tem o hábito de interromper outras pessoas, examine seus motivos e determine para si mesmo mudar. Dê às pessoas o tempo que elas necessitam para se expressar. Não sinta que um de vocês deve obrigatoriamente falar o tempo todo. Períodos de silêncio oferecem a chance de refletir sobre o que está sendo dito, de tal maneira que se possa responder de forma adequada.

3. Mantenha o foco em compreender

Já reparou o quão rapidamente a maioria das pessoas se esquece das coisas que ouvem? Estudos de instituições como Michigan State, Ohio State, Florida State, e da Universidade de Minnesota indicam que a maioria das pessoas pode se lembrar imediatamente de apenas cinqüenta por cento daquilo que acabaram de ouvir. E à medida que o tempo passa, sua habilidade de se lembrar continua a decrescer. No dia seguinte, sua retenção cai para cerca de 25 por cento.

Uma maneira para combater esta tendência é fazer com que seu objetivo seja compreender ao invés de apenas lembrar-se de fatos. O advogado, palestrante e autor Herb Cohen enfatizou: "Ouvir efetivamente requer mais do que escutar as palavras transmitidas. Demanda que se encontre o sentido e o entendimento naquilo que está sendo dito. Afinal de contas, o sentido não está nas palavras, mas nas pessoas".

Para aumentar seu entendimento sobre as outras pessoas à medida que as ouve, siga as seguintes linhas gerais oferecidas por Eric Allenbaugh:

1. Ouça com o seu coração ligado à mente.
2. Ouça com a intenção de compreender.
3. Ouça a mensagem e a mensagem que está atrás da mensagem.
4. Ouça tanto o conteúdo como os sentimentos.
5. Ouça com seus olhos – você escutará mas.

6. Ouça do ponto de vista dos interesses dos outros, não apenas o posicionamento das pessoas.
7. Ouça o que as pessoas estão dizendo e o que não estão dizendo.
8. Ouça com empatia e aceitação.
9. Ouça a respeito das áreas nas quais as pessoas se sentem com medo e feridas.
10. Ouça da mesma maneira que gostaria de ser ouvido.[4]

À medida que você aprende a colocar-se no lugar da outra pessoa, sua habilidade de compreensão será aumentada. E quanto maior for sua habilidade para compreender, melhor ouvinte se tornará.

4. Determine a necessidade no momento

A habilidade de discernir a necessidade da outra pessoa no momento é parte da tarefa de tornar-se um ouvinte efetivo. As pessoas falam por muitas razões diferentes: Para receber conforto, para desabafar, para persuadir, para informar, para serem compreendidas, para aliviar tensões. Freqüentemente as pessoas falam com você por razões que não vão de encontro às suas próprias expectativas.

Muitos homens e mulheres se encontram em conflito porque ocasionalmente comunicam-se com propósitos cruzados. Eles negligenciam determinar a necessidade da outra pessoa no momento da interação. Os homens geralmente querem se fixar em quaisquer problemas que estejam discutindo; sua necessidade é de solução. As mulheres, por outro lado, falam sobre um problema visando apenas compartilhá-lo; elas geralmente não pedem nem desejam soluções. Quando se pode determinar a necessidade atual da pessoa com quem se está comunicando, pode se colocar, o que quer que a pessoa diga, no contexto apropriado. E você será mais capaz de compreender melhor as pessoas.

5. Cheque suas emoções

Como já mencionamos anteriormente, a maioria das pessoas leva consigo uma bagagem emocional que faz com que reajam a certas pessoas ou situações. Todas as vezes que você se tornar altamente emotivo quando ouvir uma outra pessoa, cheque suas emoções – especialmente se a sua reação parecer mais forte do que a situação comporta. Ninguém deseja fazer de uma pessoa duvidosa o receptor de seu desabafo. Além disto, mesmo que suas reações não sejam motivadas por uma situação de seu passado, deve-se sempre permitir que as outras pessoas concluam a explicação de seus pontos de vista, idéias, ou convicções antes que se ofereça seus próprios.

6. *Suspenda o seu próprio julgamento*

Você já ouviu uma pessoa contar uma estória e começou a responder antes que ele ou ela houvesse concluído? Já aconteceu com praticamente todas as pessoas. A verdade é que não se pode saltar diretamente para conclusões e ser ao mesmo tempo um bom ouvinte. Quando conversar com outras pessoas, espere para ouvir a estória toda antes de responder. Se não fizer isto, estará perdendo a parte mais importante que elas desejam contar.

7. *Adicione comentários importantes referentes a períodos da conversa*

Os especialistas concordam que o ato de ouvir é mais efetivo quando praticado de forma ativa. John H. Melchinger sugere: "Comente sobre aquilo que você escuta, e individualize os seus comentários. Por exemplo, você pode dizer: 'Cheryl, isso é obviamente muito importante para você'. Isso ajudará a mantê-lo no caminho de um bom ouvinte. Vá além, diga: 'Isto é interessante'. Se você se treinar para fazer comentários significativos durante a conversa, a pessoa que está falando saberá que você está ouvindo e continuará a oferecer informações".

A técnica para ouvir ativamente consiste em somar o que a pessoa disse durante os períodos da conversa. Quando a pessoa que está falando concluir um assunto, deve-se parafrasear os principais pontos ou idéias do que ele ou ela disseram, verificando que se compreendeu a mensagem corretamente, antes de entrar no assunto seguinte. Fazer isso gera segurança para a pessoa que está falando e ajuda o ouvinte a permanecer focado no que ele ou ela está tentando comunicar.

8. Faça perguntas visando esclarecimento

Você já percebeu que os melhores repórteres são excelentes ouvintes? Observe alguém como Barbara Walters, por exemplo. Ela olha para a pessoa que está falando, dedica-se a compreender, suspende qualquer julgamento e resume o que a pessoa tem a dizer. As pessoas confiam nela e parecem querer contar-lhe sobre qualquer assunto. Todavia, ela pratica outra habilidade que a ajuda a reunir mais informações e aumentar sua compreensão sobre a pessoa que ela está entrevistando. Ela faz boas perguntas.

Se deseja tornar-se um ouvinte efetivo, torne-se um bom repórter – não do tipo que coloca um microfone no rosto da pessoa entrevistada e faz perguntas desagradáveis, mas alguém que gentilmente faz perguntas para seguir o assunto buscando maiores esclarecimentos. Se mostrar às pessoas o quanto se importa, e fizer perguntas de maneira não ameaçadora, ficará impressionado com a quantidade de informações que lhe contarão.

9. Faça sempre do ouvir a sua prioridade

A última coisa de que deve se lembrar quando estiver desenvolvendo suas habilidades de ouvir é fazer do ouvir a sua prioridade, não importando o quão ocupado se torne ou o quanto tenha evoluído em sua organização. Um exemplo marcante de um executivo ocupado que criava tempo para ouvir era o de Sam Walton, fundador do Wal – Mart e um dos homens mais ricos da América. Ele acreditava na importância de ouvir o que as pessoas tinham a dizer, especialmente seus empregados. Uma vez viajou em seu avião para Mt.Pleasant, no estado do Texas, pousou, e deu instruções a seu co-piloto que o encontrasse em outro aeroporto a cem milhas dali. Viajou então em um caminhão do Wal – Mart até o destino combinado, para que pudesse ter uma conversa informal com o motorista. Todos nós deveríamos dar ao ouvir o mesmo tipo de prioridade.

Se mostrar às pessoas o quanto se importa, e fizer perguntas de maneira não ameaçadora, ficará impressionado com a quantidade de informações que lhe contarão.

Muitas pessoas acreditam que já têm garantida a habilidade de ouvir. A maioria considera fácil ouvir, e se vê como muito bons ouvintes. Porém, enquanto é verdade que a maioria das pessoas é capaz de escutar, poucos são capazes de realmente ouvir.

Em nossas carreiras, falamos muito. Entre nós dois, falamos para várias centenas de milhares de pessoas a cada ano. A esposa de Jim, Nancy faz várias palestras – e creiam, ela é uma grande palestrante! Mas ela também é uma maravilhosa ouvinte, e algumas vezes quando fala, dá palestras sobre o tema comunicação e a importância de ouvir. Não faz muito tempo ela deu uma palestra sobre ouvir, na qual enfatizou a importância de dar a outras pessoas o benefício do questionamento e tentar ver as situações sob o ponto de vista delas.

Entre os ouvintes naquele dia estava um homem chamado Rodney. Embora fosse feliz em seu casamento e tivesse um filho ainda criança, tinha sido anteriormente casado, tendo duas filhas com a primeira esposa. Estava tendo problema com esta. Ela constantemente telefonava pedindo por mais dinheiro para si e para as duas meninas. Tinham contínuas discussões, que o levaram a uma tal situação de aperto, que ele contratou um advogado, e estava preparando-se para processá-la.

Entretanto, quando Rodney, naquele dia, participou da palestra de Nancy sobre ouvir, compreendeu o quão insensível tinha sido com a sua ex-mulher, Charlotte. Alguns dias depois telefonou para ela, perguntando se poderiam conversar pessoalmente. Ela ficou desconfiada de Rodney e até mesmo pediu a seu advogado que conversasse com ele para saber de que se tratava. Rodney os convenceu de que queria apenas conversar, e finalmente Charlotte concordou em vê-lo.

Encontraram-se em um café e Rodney disse: "Charlotte, quero ouví-la. Diga-me como está a sua vida. Eu me importo com você e com as crianças".

"Não pensei que se importasse com as meninas de forma alguma", ela disse enquanto começava a chorar.

"Eu me importo", ele disse. "Desculpe-me, tenho pensado apenas em mim mesmo, e não em vocês. Por favor perdoe-me".

"Por que está fazendo isso?", ela perguntou.

"Porque quero fazer as coisas da maneira certa", ele respondeu. "Estive irado por tanto tempo que não pude enxergar diretamente. Agora conte-me como as coisas estão indo para você e para as meninas".

Por instantes, Charlotte pôde apenas soluçar. Começou então a contar-lhe sobre as lutas que enfrentava sozinha e que estava dando o melhor de si para criar as meninas, mas não parecia o suficiente. Conversaram durante horas, e enquanto o faziam, estava sendo edificado um novo alicerce de respeito mútuo. Acreditaram que com o passar do tempo poderão tornar-se amigos novamente.

Provavelmente Rodney não está só. Poderia pensar em pessoas que não tem ouvido ultimamente? E o que fará sobre isso? Nunca é tarde para tornar-se um bom ouvinte. Isso poderá mudar a sua vida – e a vida das pessoas que fazem parte de sua vida.

Checklist de Influência

OUVINDO AS PESSOAS

❑ **Meça a sua capacidade de ouvir.** Peça a alguém que lhe conheça bem, que utilize as seguintes questões para avaliar as suas habilidades para ouvir, de acordo com as nove qualidades para ouvir bem, discutidas neste capítulo. Peça a ele ou a ela que explique todas as respostas negativas. E não interrompa nem se defenda enquanto recebe a explicação.

1. Geralmente olho para a pessoa que está falando comigo, enquanto ele ou ela estão falando?
2. Espero que a pessoa conclua o que está falando, antes que eu comece a responder?
3. Entender a pessoa que está falando é o meu objetivo?
4. Sou geralmente sensível à necessidade imediata da pessoa que está falando?
5. Faço da checagem de minhas emoções uma prática?
6. Suspendo regularmente meu próprio julgamento até que conheça toda a estória?
7. Tenho reunido, nos intervalos dos assuntos, os pontos principais falados até o momento?
8. Faço perguntas para maiores esclarecimentos, quando necessário?
9. Comunico a outras pessoas que o ouvir é uma prioridade?

❑ **Estratégia para melhoria.** Com base nas respostas recebidas, liste três maneiras de melhorar suas habilidades para ouvir.

1. ______________________________
2. ______________________________
3. ______________________________

Comprometa-se a fazer essas melhorias durante as próximas semanas.

- ❑ **Agende uma ocasião para ouvir.** Marque um compromisso com a pessoa mais importante de sua vida durante esta semana, e planejem passar uma hora juntos apenas comunicando-se. Dê a essa pessoa sua atenção total, não dividida, e gaste pelo menos dois terços do tempo ouvindo a ele ou a ela.

5

Uma pessoa de influência ...

ENTENDE AS OUTRAS PESSOAS

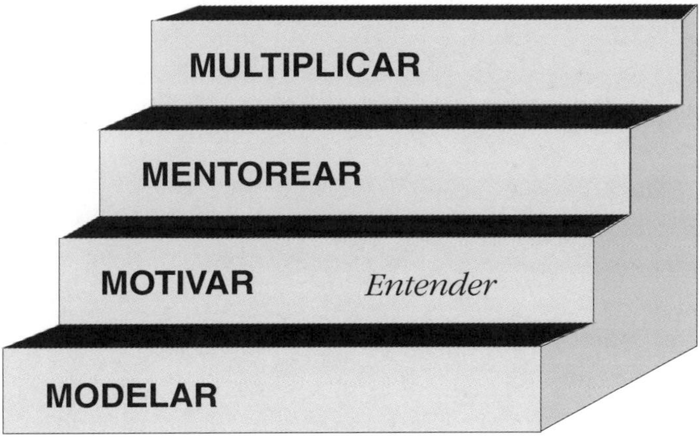

Em uma noite, após o jantar nós dois começamos a conversar e a explorar algumas questões. Como é que uma pessoa constrói uma organização? O que é necessário? Qual é a chave para ser bem sucedido? Por exemplo, o que foi necessário para uma pessoa como o Jim, construir uma organização de negócios que está ativa em vinte e seis países, e influencia a vida de centenas de milhares de pessoas? Ou no caso de John, o que foi necessário para que ele triplicasse o tamanho de sua igreja – fazendo dela a maior de sua denominação – e durante este processo aumentasse seu orçamento de cerca de 800 mil dólares para mais de 5 milhões de dólares, e aumentasse o envolvimento ativo de voluntários de apenas 112 para mais de 1.800 pessoas?

Não importa se o seu negócio é criar programas para computadores, vender livros, servir comida em um restaurante, construir casas ou projetar aviões. A chave para o sucesso é entender as pessoas. Jim costuma dizer:

Não sou como John. Não fui criado com uma orientação às pessoas. Ele participou de cursos da Dale Carnegie enquanto ainda estava no ginásio e concluiu o colegial sabendo que sua atividade estaria relacionada à pessoas. Eu fui estudar engenharia aeronáutica na Universidade Purdue. Quando terminei o curso de graduação, pensava que haviam duas chaves para o sucesso em qualquer trabalho: trabalhar muito e competência técnica. Nunca se quer me ocorreu que habilidades com pessoas tivessem qualquer valor:

Comecei em meu primeiro emprego pronto para trabalhar e carregado de conhecimentos tecnológicos. A Universidade Purdue havia me dado uma formação de primeira qualidade, e sempre acreditei em trabalho árduo. Mas não levou muito tempo para que eu compreendesse que o sucesso nos negócios significa ser capaz de trabalhar com pessoas. Percebi que isto também é verdadeiro não apenas profissionalmente como um engenheiro, um consultor ou um empreendedor

mas também em todos os aspectos da vida, seja interagindo com minha família, trabalhando com um dos professores de meus filhos ou em ocasiões sociais com os amigos.

Se não puder compreender as pessoas e trabalhar com elas, não poderá realizar nada. E certamente não poderá se tornar uma pessoa de influência.

Compreender as Pessoas Traz Grandes Dividendos

No livro *Climbing the Executive Ladder*, os autores Kienzle e Dare disseram: "Poucas coisas pagarão a você maiores dividendos do que o tempo e as dificuldades que você enfrentar para compreender as pessoas. Praticamente nada adicionará mais à sua estatura como executivo e pessoa. Nada lhe proporcionará maior satisfação ou lhe trará mais felicidade".

Quando entendemos o ponto de vista da outra pessoa – o que ela está procurando fazer – vemos que em nove de cada dez vezes, ela está tentando acertar. – Harry Truman

A capacidade de compreender as pessoas é um dos maiores bens que alguém pode possuir. Ela tem o potencial para influenciar positivamente todas as áreas da vida de uma pessoa, não apenas no ambiente competitivo dos negócios. Por exemplo, veja como entender as pessoas ajudou a esta mãe de uma criança na fase pré- escolar. Ela disse:

> Deixando meu filho de quatro anos dentro de casa, saí rapidamente ao quintal para jogar algo na lata do lixo. Quando tentei abrir a porta para novamente entrar em casa, ela estava trancada. Sabia que insistir com meu filho para que abrisse a porta, resultaria em uma batalha de vontades que duraria quase uma hora. Então, com voz triste, eu disse, "Oh, que mal. Você se trancou dentro de casa". A porta foi então aberta imediatamente.

Compreender as pessoas certamente influencia a sua habilidade de comunicar-se com os outros. David Burns, um médico e professor de psiquiatria na Universidade de Pennsylvania, observou: "O maior erro que se pode fazer ao se tentar falar de forma convincente é colocar sua mais alta prioridade em expressar suas idéias e sentimentos. O que a maioria das pessoas realmente quer é ser ouvida, respeitada, e compreendida. No momento em que as pessoas vêem que estão sendo compreendidas, tornam-se mais motivadas a compreender o ponto de vista da pessoa que está falando". Se você for capaz de aprender a compreender as pessoas – como pensam, o que sentem, o que as inspira, como agem e reagem em determinada situação – então poderá motivá-las e influenciá-las de maneira positiva.

Porque as Pessoas Fracassam ao Tentar Compreender as Outras

A falta de compreensão das outras pessoas é uma fonte de tensão periódica em nossa sociedade. Uma vez ouvimos um advogado dizer: "A metade de todas as controvérsias e conflitos que se levantam entre as pessoas, são causadas não por diferenças de opinião ou falta da habilidade de entrar em acordo, mas pela falta de se compreenderem umas às outras".

Se pudéssemos reduzir o número de mal-entendidos, os tribunais não estariam tão lotados, haveriam menos crimes violentos, o número de divórcios diminuiria e a quantidade de stress que a maior parte das pessoas experimenta diariamente diminuiria dramaticamente.

Se a compreensão é um bem de tamanho valor, porque um número maior de pessoas não a pratica? Existem muitas razões:

Medo

Um colonizador americano do século dezessete, William Penn, advertiu: "Não despreze nem se oponha àquilo que você não entende", contudo, muitas pessoas parecem fazer exatamente o contrário. Quando não entendem as outras pessoas, sua reação mais freqüente é tornarem-se medrosas. E a partir do momento que começam a sentir medo das outras pessoas, raramente tentam superar seu medo visando aprender mais sobre elas. Torna-se um ciclo vicioso.

Infelizmente, o medo é evidente no ambiente de trabalho quando se trata das reações dos empregados para com seus líderes. Os trabalhadores têm medo de seus gerentes. Gerentes de nível médio se sentem intimidados pelos gerentes sênior. Os dois grupos algumas vezes temem os executivos. A situação como um todo causa suspeitas que não deveriam existir, falta de comunicação e redução de produtividade. Por exemplo, de acordo com o Dr. M. Michael Markowich, vice-presidente de recursos humanos da United Hospitals Inc., os empregados são relutantes a sugerir idéias. Aqui estão algumas razões para isto:

- Pensam que suas idéias serão rejeitadas.
- Sentem que seus colegas não gostarão das idéias.
- Pensam que não serão recompensados se as idéias fun cionarem.
- Têm medo de que a posição de seu chefe seja ameaçada pelas idéias.
- Têm a preocupação de poderem vir a ser rotulados como causadores de problemas.
- Têm medo de perder seu emprego se sugerirem idéi as que na prática não funcionem.[1]

A linha de raciocínio comum em todas estas razões é o medo. Contudo, em um ambiente de trabalho sadio, se for dado às pessoas o benefício de poderem ter seus próprios questionamentos e substituir o medo pela compreensão, todos poderão trabalhar juntos de maneira positiva. Tudo o que as pessoas precisam fazer é seguir o conselho do presidente Harry Truman, que disse: "Quando entendemos o ponto de vista da outra pessoa – o que ela está procurando fazer – vemos que em nove de cada dez vezes, ela está tentando acertar".

Egocentrismo

Quando o medo não é a pedra de tropeço para a compreensão, o egocentrismo frequentemente o é. Alguém observou: "Existem sempre dois lados para toda questão – desde que não nos comprometam pessoalmente". Essa é a maneira como muitas pessoas pensam. As pessoas não são egocêntricas nos propósitos, mas sim em sua natureza de pensar em seus próprios interesses em primeiro lugar. Se quiser ver um exemplo disso, brinque com uma criança de dois anos de idade. Ela naturalmente escolhe os melhores brinquedos para si e insiste em brincar à sua própria maneira.

Uma maneira de superar nosso egocentrismo natural é tentar enxergar as coisas da perspectiva das outras pessoas. Falando a um grupo de profissionais de vendas, Art Mortell compartilhou a seguinte experiência: "Sempre que estou perdendo uma partida de xadrez, me coloco de pé atrás de meu adversário para ver o tabuleiro pelo lado dele. Então começo a descobrir os movimentos estúpidos que fiz, porque agora posso enxergar de seu ponto de vista. O desafio de um vendedor é enxergar o mundo do ponto de vista das expectativas de seus clientes". [2]

Esse é o desafio para cada um de nós, não importa qual seja a nossa profissão. John preparou um texto há alguns anos intitulado *Um Pequeno Curso de Relações Humanas*. Talvez você já tenha ouvido falar dele pois esteve disponível. Porém, ele nos faz lembrar quais deveriam ser nossas prioridades quando lidamos com outras pessoas:

A palavra que está em último lugar na lista de importância: Eu
A palavra mais importante: Nós
As duas palavras mais importantes: Muito obrigado.
As três palavras mais importantes: Tudo está perdoado.
As quatro palavras mais importantes: Qual é sua opinião?
As cinco palavras mais importantes: Você fez um bom trabalho.
As seis palavras mais importantes : Eu gostaria de compreender você melhor.

A sua mudança de uma atitude egocêntrica para uma atitude voltada a compreender as pessoas, requer vontade própria e o compromisso de sempre tentar enxergar as coisas do ponto de vista das outras pessoas.

Falha em apreciar as diferenças

O próximo passo lógico após deixar para trás o egocentrismo é aprender a reconhecer e respeitar as qualidades únicas de cada pessoa. Ao invés de tentar moldar as outras pessoas conforme a sua imagem, aprenda a apreciar as diferenças delas. Se alguém tiver algum talento que você não tenha, será ótimo. Juntos vocês poderão fortalecer os pontos fracos um do outro. Se outras pessoas vierem de culturas diferentes, amplie seus horizontes e aprenda o que puder com elas. Seus novos conhecimentos lhe ajudarão a relacionar-se não apenas com estas, mas também com outras. E comemore as diferenças de temperamento das pessoas. A variedade contribui para uma dinâmica interessante entre as pessoas. Por exemplo, John tem um temperamento colérico - sanguíneo, o que significa que ama divertir-se e gosta de tomar decisões num piscar de olhos. Por outro lado, Jim é um melancólico — fleumático. É um grande pensador e processador de informações, e quando precisa tomar decisões, reúne quantos dados puder para fazer escolhas sábias. Separados, vamos bem, mas somos ainda mais eficientes quando trabalhamos juntos. Quando você aprende a apreciar as diferenças de outras pessoas, começa a compreender que existem muitas reações aos diferentes estilos de liderança e incentivos à motivação. Joseph Beck, presidente da Kenley Corporation, reconheceu esta verdade quando disse que um influenciador "deve obrigatoriamente entender que pessoas diferentes são motivadas de maneiras diferentes. Um bom técnico de basketball, por exemplo, sabe quando um jogador necessita ser encorajado para exceder seu desempenho e quando um jogador precisa de 'um chute nas calças'. A principal diferença é que todos os jogadores necessitam encorajamento e apenas alguns precisam de 'um chute nas calças'".

Falha em reconhecer as semelhanças

Quanto mais se aprende sobre pessoas, e se conhece melhor os outros, logo se começa a compreender que as pessoas têm muito em comum. Todos temos esperanças e medos, alegrias e tristezas, vitórias e problemas. O período de tempo em que provavelmente as pessoas menos reconhecem o que têm em comum, é a adolescência. Vamos ilustrar isso através de uma estória:

> Uma garota adolescente estava conversando com seu pai a respeito de todos os seus problemas. Contou-lhe das terríveis pressões que enfrentava, sobre conflitos com amigos, e dificuldades com os trabalhos de escola e professores. Em uma tentativa de ajudá-la a colocar tudo em perspectiva, disse a ela que a vida não era tão escura quanto pudesse parecer e, de fato, talvez muitas das preocupações dela fossem desnecessárias.
>
> "Para você é fácil dizer isso, papai", ela replicou. "Você já tem todos os seus problemas resolvidos".

Todas as pessoas possuem uma reação emocional ao que está acontecendo à sua volta. Para alimentar a sua compreensão, imagine quais seriam as suas emoções se estivesse na mesma posição da pessoa com quem está interagindo. Você sabe o que gostaria que acontecesse em uma determinada situação. A pessoa com quem você está trabalhando também tem, da mesma maneira, muitos sentimentos. Encontramos um maravilhoso exemplo de uma pessoa que compreende isso. Uma loja de doces vendia seus exóticos chocolates apenas por peso. Nessa loja havia uma vendedora, em particular, por quem sempre haviam clientes esperando em fila, enquanto outras vendedoras estavam na loja sem o que fazer. O dono da loja percebeu como os clientes a procuravam e finalmente perguntou qual era o segredo. "É fácil", ela respondeu. "As outras garotas colocam mais que uma libra de doces e então começam a retirar o excedente. Eu sempre coloco menos do que uma libra e então adiciono mais doces até atingir o peso correto. Os clientes sentem que estou cuidando dos interesses deles, dando-lhes o que vale o seu dinheiro.

Coisas que Todos Precisam Entender sobre Pessoas

A chave para compreender as pessoas é saber do que precisam e o que querem. E se puder entendê-las, poderá influenciá-las e impactar a vida delas de forma positiva. Se fossemos reunir tudo o que sabemos sobre compreender as pessoas e condensá-lo em uma pequena lista identificaríamos os seguintes cinco pontos:

1. *Todas as pessoas querem ser alguém*

Não há sequer uma pessoa no mundo que não tenha o desejo de ser alguém, de ter significância. Mesmo a pessoa menos ambiciosa e menos pretenciosa deseja ser altamente considerada pelas outras pessoas.

John se lembra da primeira vez em que teve fortemente esses sentimentos ainda em sua infância:

> **Assisti meu primeiro jogo de basketball quando tinha nove anos de idade. Ainda posso me lembrar dele. Sentei-me com meus colegas na arquibancada do ginásio. Aquilo de que mais me lembro não é do jogo; é do anúncio da formação das filas. Apagaram todas as luzes, então ligaram alguns holofotes. O locutor anun-**

ciou o nome dos iniciantes, e estes correram para o meio da quadra um a um, sob os aplausos de todos os presentes. Me pendurei na arquibancada naquele dia como uma criança de quarta série e disse: "Uau, gostaria que isto acontecesse comigo". De fato, quando as apresentações terminaram, olhei para meu amigo Bobby Wilson e disse: "Bobby, quando eu chegar ao ginasial, anunciarão meu nome, e eu correrei sob a luz dos holofotes para o meio da quadra de basketball. E as pessoas me aplaudirão porque serei alguém".

Fui para casa naquela noite e disse a meu pai: "Quero ser um jogador de basketball". Mais tarde ele me deu de presente uma bola Spaldin de basketball, e colocamos uma cesta na garagem. Eu costumava remover a neve do lado externo da garagem para que pudesse praticar meus simples lances e jogar basketball, porque tinha o sonho de tornar-me alguém. É engraçado como esse tipo de sonho pode influenciar sua vida. Lembro-me de que na sexta série, jogávamos basketball intramural, e nosso time ganhou alguns jogos, então ganhamos como prêmio a oportunidade de ir ao ginásio "Old Mill Street Gym" em Circleville, no estado de Ohio, onde eu havia assistido aquele jogo de basketball quando estava na quarta série. Quando ali chegamos, ao invés de ir para a quadra com os demais jogadores, que já estavam se aquecendo, eu fui para o banco onde aqueles jogadores do ginasial haviam estado há dois anos atrás. Sentei-me exatamente onde se sentaram, e fechei meus olhos (o equivalente a apagar todas as luzes do ginásio). Então em minha mente ouvi meu nome ser anunciado, e corri para o meio da quadra.

Fez-me tão bem ouvir aqueles aplausos imaginários, que pensei: "Farei isso novamente!", e fiz. De fato, fiz isso por três vezes, quando, de repente, me dei conta de que meus colegas não estavam jogando basketball; estavam olhando para mim sem acreditar no que estavam vendo. Porém não me importei, porque estava a apenas um passo de tornar-me a pessoa que sonhava ser.

Todas as pessoas querem ser consideradas e valorizadas pelas outras. Em outras palavras, todas as pessoas querem ser alguém. Uma vez que essa informação se torna parte de seu pensamento cotidiano, você ganha uma incrível compreensão interior das razões pelas quais as pessoas fazem o que fazem. E se tratar cada pessoa que encontrar, como se ele ou ela fossem a pessoa mais importante do mundo, estará comunicando que ele ou ela são alguém – para você.

2. Ninguém se importa com o quanto você sabe, até que saiba o quanto você se importa

Para ser um influenciador, deverá amar as pessoas antes de tentar liderá-las. A partir do momento que as pessoas souberem que se importa com elas e por elas, o modo como se sentem a seu respeito mudará.

Mostrar às outras pessoas que se importa com elas não é sempre fácil.

Seus melhores momentos e memórias mais apaixonantes virão por causa das pessoas, mas da mesma maneira virão os momentos mais difíceis, de sofrimentos e tragédias. As pessoas são seu grande tesouro, bem como sua maior responsabilidade. O desafio é continuar se importando com elas, não importando o que venha a acontecer.

Chegamos a algo chamado "Mandamentos Paradoxais da Liderança". Eis o que dizem:

> As pessoas são ilógicas, irracionais e egocêntricas – ame-as, de qualquer modo.
>
> Se fizer o bem, as pessoas o acusarão de fazê-lo por motivos pessoais – faça o bem, de qualquer modo.
>
> Se for bem-sucedido, ganhará falsos amigos e verdadeiros inimigos – seja bem-sucedido, de qualquer modo.
>
> O bem que fizer hoje será provavelmente esquecido amanhã – faça o bem,de qualquer modo.
>
> Honestidade e franqueza o fazem vulnerável – seja honesto e franco, de qualquer modo.

O maior homem com as maiores idéias pode ser abatido pelo menor homem com a mais pobre mentalidade – pense grande, de qualquer modo.

As pessoas procuram ajudar aos miseráveis, mas querem estar com quem está em situação privilegiada – lute em favor dos miseráveis, de qualquer modo.

O que leva anos para ser construído pode ser destruído do dia para a noite – construa, de qualquer modo.

As pessoas realmente precisam de ajuda, mas podem se tornar agressivas se as ajudar – ajude-as, de qualquer modo.

Dê ao mundo o melhor de si mesmo, e chutarão seus dentes – dê ao mundo o melhor de si mesmo, de qualquer modo.

Se é possível fazer o melhor, então o bom já não é suficiente.

Se deseja ajudar outras pessoas e tornar-se uma pessoa influente, continue sorrindo, compartilhando, dando e oferecendo a outra face. Essa é a maneira correta de tratar as pessoas. Além do mais, nunca se sabe quais pessoas em sua esfera de influência se levantarão e farão diferença em sua vida e na de outros.

3. Todas as pessoas precisam de alguém

Contrariando a crença popular, não há homens ou mulheres que se fizeram por si mesmos, sem a ajuda de outras pessoas. Todos necessitamos de amizades, encorajamento e ajuda. O que as pessoas podem alcançar sozinhas é quase nada comparado ao potencial que podem atingir quando trabalham com outras. E trabalhar com outras pessoas tende a trazer satisfação. Além disso, pessoas solitárias raramente são felizes. O rei Salomão, do antigo Israel, declarou o valor de se trabalhar juntos, da seguinte maneira:

Melhor é serem dois do que um, porque têm melhor paga de seu trabalho. Porque se um cair, o outro levanta o seu companheiro; mas ai do que estiver só, pois, caindo, não haverá outro que o levante. Também se dois dormirem juntos, eles se aquentarão; mas um só como se aquentará? E, se alguém quiser prevalecer contra um, os dois lhe resistirão; e o cordão de três dobras não se quebra tão depressa.[3]

As pessoas que tentam fazer tudo sozinhas freqüentemente enfrentam problemas. Uma das estórias de maior imprudência que já ouvimos sobre esse assunto veio de um pedreiro que acionou uma companhia de seguros por um acidente que sofreu em uma obra. Ele estava tentando descer uma pilha de tijolos do último andar de um edifício em construção sem pedir ajuda a ninguém. Ele escreveu no formulário de requerimento de seguro:

> Levaria muito tempo para carregar todos os tijolos para baixo manualmente, então decidi colocá-los em um tambor e baixá-lo por uma polia que eu havia fixado no topo do prédio. Após amarrar uma corda de forma segura no piso térreo, subi então ao topo do prédio, amarrei a corda em torno do tambor, carreguei-o com os tijolos e o movi pelo andaime para descê-lo. Então desci pelo andaime e desatei a corda, agarrado a ela com toda segurança visando descer o tambor devagar. Porém como meu peso é 63 quilos e a carga de tijolos pesava 227 quilos fui levantado do piso tão rapidamente que nem tive tempo para pensar em largar a corda. Assim que eu estava passando, na subida, entre o segundo e terceiro andar, encontrei o tambor que estava descendo. Essa é a causa das contusões e cortes na parte superior do meu corpo.
>
> Eu segurei firmemente a corda até que alcancei o topo onde havia fixado a polia. Minha mão bateu fortemente contra a polia. Isso explica meu polegar quebrado.

Ao mesmo tempo, entretanto, o tambor chocou-se fortemente contra o andaime, fazendo um grande barulho, e o fundo do tambor se desprendeu e os tijolos caíram. O tambor agora sem o peso dos tijolos pesava apenas 18 quilos. Desta maneira meu corpo de 63 quilos começou a descer rapidamente e encontrei o tambor vazio subindo amarrado pela mesma corda. Isso explica o meu tornozelo quebrado.

Este choque com o tambor apenas reduziu um pouco minha velocidade de descida. Caí então sobre a pilha de tijolos. Isso explica a torção em minha coluna e minha clavícula quebrada.

Neste momento perdi completamente a consciência e deixei escapar a corda. O tambor vazio desceu e me atingiu. Isto explica os ferimentos em minha cabeça.

E respondendo a última questão deste formulário de seguro: "O que faria se a mesma situação acontecesse novamente?", Por favor, estejam cientes de que eu nunca mais tentarei fazer todo trabalho sozinho.

Todas as pessoas precisam de alguém que as acompanhe e ajude. Se compreender isso, e estiver disposto a dar às outras pessoas e ajudá-las, e mantiver a correta motivação, a vida delas bem como a sua vida poderão ser mudadas.

4. Qualquer pessoa pode ser alguém, quando alguém a compreende e acredita nela

A partir do momento que você entende as pessoas e acredita nelas, elas realmente poderão tornar-se alguém. E ajudar as outras pessoas a sentirem-se importantes, não requer muito esforço. Pequenas coisas, feitas deliberadamente, no momento certo, podem fazer uma grande diferença, como mostra esta estória de John:

Por catorze anos tive o privilégio de pastorear uma congregação muito grande em San Diego, na qual fazíamos um maravilhoso programa de natal todos os anos. Costumávamos fazer vinte e oito apresentações e, ao todo, trinta mil pessoas as assistiam a cada ano. O evento sempre incluía um conjunto de crianças, e, há vários anos, uma de minhas apresentações favoritas era a de uma canção em que trezentas crianças vestidas como anjos cantavam segurando velas. Ao final da música, elas deixavam o palco, subiam pelos corredores e saiam pelo saguão em frente à igreja.

Durante a primeira apresentação, decidi esperar por elas no saguão. Elas não sabiam que eu estaria ali, e quando passaram as aplaudi, elogiei, e disse: "crianças, vocês fizeram um grande trabalho!". Ficaram surpresas ao ver-me, e contentes pelo encorajamento.

Fiz o mesmo durante a segunda apresentação. Pude ver quando entraram pelos corredores, e estavam olhando para trás na expectativa de ver se eu estava ali para aplaudí-las. Na terceira apresentação da noite, assim que se viraram para ir aos corredores, estavam sorrindo. E quando chegaram ao saguão estavam acenando para mim e se divertindo muito. Sabiam que eu acreditava nelas, e isso fez com que todas sentissem que eram alguém.

Quando foi a última vez que saiu de seu caminho normal para fazer com que as pessoas se sentissem especiais, como se fossem alguém? O investimento requerido de sua parte é totalmente encoberto pelo impacto que isto tem nas pessoas. Todas as pessoas que você conhece e encontra têm o potencial para ser alguém importante na vida de outras pessoas. Tudo o que necessitam de sua parte é encorajamento e motivação para ajudá-las a alcançar o potencial que possuem.

5. *Qualquer pessoa que ajuda a alguém influencia várias outras pessoas*

Algo de que você necessita finalmente entender sobre as pessoas é que quando se ajuda uma pessoa, está realmente influenciando várias outras. O que se dá a uma pessoa transborda para a vida de todas as outras que ela atinge. A característica fundamental da influência é a multiplicação. Também causa inpacto a pessoa que está influenciando porque, quando esta ajuda outras, e os motivos são bons, esta sempre recebe mais do que o que pode dar. A maioria das pessoas é tão genuinamente grata quando outra pessoa as faz sentir que são alguém especial, que nunca se cansam de mostrar a sua gratidão.

Escolha Entender as Outras Pessoas

No final, a habilidade para entender as pessoas é uma escolha. É verdade que algumas pessoas nascem com um ótimo instinto que as fazem capazes de compreender como as outras pensam e se sentem. Contudo, mesmo que você não seja uma pessoa que instintivamente entenda as outras, pode melhorar sua habilidade para trabalhar com elas. Todos somos capazes de possuir a habilidade de compreender, motivar e finalmente influenciar os outros. Se você realmente quer fazer a diferença na vida de outras pessoas, então mude de idéia para passar a possuir ...

A perspectiva da outra pessoa

Mark McCormack, autor do livro *What They Don't Teach You at Harvard Business School*, escreveu uma estória divertida para revista Entrepreneur. Ela ilustra o valor de reconhecer as perspectivas de outra pessoa. Ele disse: "Há poucos anos atrás eu estava em um aeroporto, na fila para emissão de passagens. Na minha frente estavam duas crianças brigando por um sorvete. Na frente delas estava uma mulher com um casaco de mink. Pude ver que aquilo era um acidente apenas esperando para acontecer. Deveria interferir? Ainda ponderava isso quando ouvi a menina dizer ao menino: "Charlie, se você não parar, terá pêlos do casaco daquela mulher em seu sorvete". A maioria das pessoas não enxerga além de sua própria experiência quando estão lidando com as outras. Têm a tendência de enxergar outras pessoas e situações a partir do contexto de seu próprio posicionamento, formação ou circunstâncias. Por exemplo, Pat McInally do time Cincinnati Bengals da liga nacional de futebol (NFL), disse, "Na Harvard eles me rotularam como burro. No esporte me consideram um intelectual". Embora ele não tenha mudado, a percepção de outras pessoas em relação a ele mudou.

Quando se olha para os fatos sob a perspectiva de outras pessoas, recebe-se uma maneira completamente nova de olhar para vida, e se encontra novas maneiras de ajudar os outros. Uma estória do livro *Zadig*, de Voltaire, mostra a importância de se olhar para pessoas e situações de uma nova maneira.

Um rei estava preocupado porque o seu cavalo favorito havia se perdido. Enviou mensageiros por todo o reino para procurarem pelo cavalo, mas não o encontraram. Em desespero, ofereceu uma grande recompensa. Muitas pessoas procuraram o cavalo para ganhar a recompensa, mas sem sucesso. O cavalo havia desaparecido.

Um homem simplório da coorte, pediu uma audiência com o monarca, e disse-lhe que poderia encontrar o cavalo.

"Você!" exclamou o rei. "Pode encontrar meu cavalo, quando todos os outros falharam?"

"Sim, senhor", respondeu o simplório.

"Então encontre-o", disse o rei, que não tinha nada a perder.

Dentro de algumas horas o cavalo estava de volta ao palácio, e o rei ficou assustado. Ele imediatamente autorizou seu tesoureiro a dar uma grande recompensa ao homem, e pediu-lhe que explicasse como foi capaz de encontrá-lo quando muitos homens, considerados sábios, não o puderam fazer.

"Foi muito fácil, senhor", disse o simplório. "Meramente perguntei a mim mesmo: 'se eu fosse um cavalo, aonde iria?', e colocando-me no lugar dele, encontrei-o rapidamente".

Empatia pessoal

Outra qualidade necessária se quiser compreender e ajudar outras pessoas é a empatia pessoal. Nem todas as pessoas são empáticas, como é evidenciado na estória que fala de um pregador do Kansas, a seguir. Parece que o pregador estava voltando para casa após uma visita a New England, quando um membro de sua igreja o encontrou na estação de trem.

"Bem," perguntou o pregador, "Como vão as coisas em casa?"

"Triste, realmente triste, pastor", respondeu o homem. "Um ciclone passou e levou minha casa".

"Bem, não estou surpreso", disse o incompassivo clérigo, com expressão de reprovação. "Você se lembra de como eu vinha lhe prevenindo sobre sua maneira de viver. A punição pelo pecado é inevitável".

"O ciclone também destruiu a sua casa, pastor", completou o leigo.

"Destruiu, é?", disse o pastor, momentaneamente surpreso. "Ah, os caminhos do Senhor estão acima da compreensão humana".

Não espere que a sua casa seja levada pelo vento, para que tenha sentimentos pelos problemas e falhas das pessoas. Alcance outros com mão forte, mas com um coração afável, e responderão positivamente.

Uma atitude positiva a respeito das pessoas

O escritor Harper Lee escreveu: "As pessoas geralmente enxergam aquilo que procuram ver e ouvem aquilo que querem escutar". Se tiver uma atitude positiva em relação às pessoas, acredite no melhor delas, e trabalhe suas crenças, então poderá ter um impacto na vida delas. Tudo começa com a maneira como se pensa sobre os outros. Não se pode ser um bom influenciador se o seu pensamento for:

Quando a outra pessoa gasta muito tempo, ela é lenta.
Quando eu gasto muito tempo, sou perfeccionista.

Quando a outra pessoa não faz algo, é preguiçosa.
Quando eu não faço algo, sou ocupado.

Quando outra pessoa faz algo que não lhe foi pedido, está ultrapassando seus limites.
Quando eu faço algo que não me foi pedido, é iniciativa.

Quando outra pessoa infringe uma regra de etiqueta, é grosseira.
Quando eu passo por cima de algumas regras, sou original.

Quando a outra pessoa agrada o chefe, é um bajulador.
Quando eu agrado o chefe, sou cooperativo.

Quando a outra pessoa é promovida, atingiu o seu limite.
Quando sou promovido, é apenas a recompensa pelo meu esforço no trabalho.

Sua atitude para com as pessoas é uma das escolhas mais importantes que se pode fazer. Se o seu pensamento é positivo, poderá realmente causar um impacto nelas. O pastor Robert Schuller, um forte defensor do pensamento positivo, conta no livro *Life Changers*, a seguinte estória:

> Sou o maior jogador de baseball do mundo", o pequeno garoto dizia orgulhosamente enquanto andava empertigado pelo campo, em sua posição no jogo. Levando seu bastão aos ombros jogou a bola para o alto, bateu e errou. "Sou o maior jogador de bola de todos os tempos", reiterou. Repetiu o lance e perdeu-o novamente. Parando um momento para examinar seu taco, inclinou-se e pegou a bola. "Sou o maior jogador de baseball que já viveu!". Quando fez o giro com o taco quase golpeou-se a si mesmo. Mas a bola pingou diretamente a seus pés. "Uau!", exclamou. "Que lance!"[4]

Se quiser tornar-se uma pessoa de influência, tenha uma atitude para com os outros semelhante à que o garotinho tinha para consigo mesmo.

Se você tratar cada pessoa que encontrar como se ele ou ela fosse a pessoa mais importante no mundo, comunicará que ele ou ela é alguém – para você.

Jim foi lembrado da importância de compreender as pessoas e de enxergar os fatos sob a perspectiva delas, durante a visita que fez recentemente a seus pais, já idosos, em Nova York:

> **Meus pais já têm quase noventa anos, e trabalharam arduamente durante toda sua vida. Meu pai foi o editor municipal do jornal "Gazette" de Niagara Falls, e minha mãe foi a enfermeira chefe no turno da noite no hospital "Niagara Falls Memorial Hospital". Ela trabalhou muitos anos das 23 às 7 horas da manhã, quando eu era menino, então podia estar em casa para me acordar para ir à escola, servir o café da manhã e preparar meu almoço. Ela estava em casa todas as tardes quando eu voltava da escola. Eu praticamente não percebia que ela trabalhava. Sempre moramos em uma casa muito pequena. Depois que se aposentaram, venderam-na e mudaram-se para um pequeno apartamento para viver de suas modestas aposentadorias. Como a maioria das pessoas que têm sido abençoadas financeiramente, Nancy e eu estamos**

sempre buscando maneiras para ajudar nossos pais, e retribuir de uma forma modesta as coisas positivas que fizeram por nós através dos anos. Recentemente, pensamos que poderíamos ajudálos fazendo para eles um leasing de um apartamento de cobertura no prédio de apartamentos de maior prestígio da cidade. Era incrível e tinha até mesmo uma vista das cataratas do Niagara.

Contudo, após seis meses, meus pais pediram para se mudar dali. Minha mãe estava enxergando tão pouco que não podia ver as cataratas. Meu pai, por outro lado, podia enxergar bem as cataratas, mas e sentia extremamente desconfortável por morar em um andar tão alto. Ficamos desapontados por não terem gostado da nova moradia, mas prontamente concordamos em mudá-los de volta para seu pequeno apartamento.

Meu desejo de ajudá-los ainda era muito forte, então um dia após acomodá-los novamente em seu apartamento, levei mamãe a uma loja. Embora protestasse que não estava necessitando de nada, pedi que me deixasse dar a ela alguns poucos itens, tais como: uma nova lata de lixo, alguns utensílios, um pequeno rádio e uma nova torradeira – a antiga atirava a torrada pronta para fora, como um canhão. Me senti bem quando, por acaso, a ouvi dizer enquanto mostrava a torradeira a uma vizinha: "Meu filho comprou esta torradeira para nós!"

Nancy e eu queríamos dar-lhes grandes coisas, porém isso não era importante para eles. Estavam felizes por uma torradeira. Oh, sim, havia um outro item que eles finalmente admitiram que poderia ser útil: uma pequena árvore para a frente de seu apartamento. Eles pensaram que seria bom ter alguma sombra no verão quando se sentassem do lado de fora. "Mas elas são tão caras", minha mãe disse. "Dê-nos apenas uma muda".

Queríamos que tivessem sombra hoje, e não daqui a quinze anos. Então saímos e compramos a

maior árvore que pudemos encontrar. Não custou muito dinheiro fazê-los felizes, apenas um pouco de compreensão.

Nem todas as pessoas aprendem essa lição. Muitas tentam cumprir sua própria agenda – e ficam imaginando porque não têm mais nenhuma influência junto às outras. Para causar um impacto na vida das outras pessoas, descubra o que elas querem e ajude-as a alcançar seus objetivos. Isto é o que as motiva e faz com que seja possível que você se torne uma pessoa de influência na vida delas.

Checklist de influência

ENTENDENDO AS PESSOAS

❑ **Faça a pontuação de seu nível de entendimento.** Utilize a seguinte escala para pontuar sua habilidade de compreender as pessoas (faça um círculo em volta do nível aplicável a você):

Superior Sou capaz de, quase sempre, saber de antemão como as pessoas se sentirão e reagirão em qualquer situação. A compreensão é uma de minhas mais fortes habilidades.

Bom Na maioria das vezes, o que as pessoas fazem e desejam faz sentido para mim. Considero minha habilidade para compreender as pesso as, como um bem de muito valor.

Razoável Sou surpreendido pelas pessoas sempre que procuro antecipar seu pensamento. Considero mediana minha habilidade para compreender outras pessoas.

Pobre Na maior parte das vezes, os sentimentos e motivações das pessoas são um mistério para mim. Preciso, definitivamente, melhorar nessa área.

❑ **Plano de ação para melhoria do entendimento.** Se você pôde atribuir a si mesmo o conceito "Superior", então deveria estar compartilhando sua habilidade, ensinando aos outros como compreender melhor as pessoas. Se atribuiu a si mesmo algum dos conceitos "Bom", "Razoável" ou "Pobre", continue se esforçando para aprender e melhorar. Poderá melhorar sua habilidade imediatamente se fizer a si mesmo quatro perguntas cada vez que fizer novas amizades:

1. De onde essas pessoas vieram?
2. Para onde essas pessoas querem ir?
3. Qual é a necessidade imediata delas?
4. Como posso ajudá-las?

- ❑ **Coloque a sua atitude positiva em ação.** Se a sua habilidade para entender as pessoas não é tão boa quanto gostaria que fosse, a causa raiz pode ser que você não valoriza as pessoas ao nível que poderia valorizá-las. À medida que interagir com as pessoas, lembre-se das palavras de Ken Keyes Jr., "Uma pessoa amorosa vive em um mundo de amor. Uma pessoa hostil, vive em um mundo hostil: cada pessoa que você encontra é o seu espelho".

6

Uma pessoa de influência ...

Ajuda as Pessoas a Crescerem

A partir do momento em que uma pessoa se tornou um modelo de integridade para com as outras e com sucesso as motivou, está preparada para dar o próximo passo no processo de tornar-se uma pessoa de influência na vida delas.

Jim tem uma estória que lhe dará uma idéia de como é este segundo passo:

> **Nos os últimos anos, Eric passou por mais de trinta cirurgias individuais no cérebro mas isso nunca foi impecílio para que continuasse sendo mentalmente objetivo e cheio de otimismo. O seu grande senso de humor nos mantém sempre entretidos.**
>
> **Durante uma de suas muitas cirurgias, Eric sofreu um problema. A perda do equilíbrio muscular resultante limitou o uso de sua mão direita, e lhe conferiu uma severa curvatura na espinha dorsal. Por conta disto, alguns anos mais tarde, foi necessária uma outra cirurgia, na qual os médicos procederam uma fusão na espinha e o implante de varetas de aço a partir da base de seu pescoço até a pelvis. Passou três meses, de seu longo período de recuperação, usando um colete que lhe cobria quase todo o corpo, e, como resultado, muitas de suas habilidades prévias foram dramaticamente reduzidas. Contudo, Eric enfrentou tudo isso com seu característico espírito positivo.**
>
> **Após a cirurgia na espinha de Eric, Nancy já não podia cuidar dele sozinha, então decidimos que havia chegado a hora de contratar uma pessoa em período integral para cuidar dele em casa, levantando-o, ajudando-o em sua vida cotidiana, assistindo-o durante seu longo período de reabilitação. Sabíamos o tipo de pessoa que queríamos contratar, mas não tínhamos idéia de como ou onde a localizaríamos.**
>
> **Um dia, enquanto Nancy conversava com um dos médicos com quem mantínhamos contato, ouviu falar de uma pessoa chamada Fernando. Ele nos pareceu muito bom. "Ele é a pessoa ideal", disse nosso amigo,**

"Porém vocês nunca conseguirão contratá-lo".

A resposta de Nancy foi: "Apenas nos dê o número do telefone dele, e deixe que nos encarregaremos de ver se poderemos ou não contratá-lo".

Passadas algumas semanas o contratamos, e ele tem sido maravilhoso. Fernando tinha sido um treinador para habilidades vitais no hospital "Sharp Hospital", e embora fosse apenas cinco anos mais velho do que Eric, já tinha sido o gerente de um grupo familiar para crianças que sofreram abuso e tinha trabalhado no campo da reabilitação durante sete anos. Ele e Eric se tornaram imediatamente amigos. Fernando oferecia uma perfeita combinação de habilidades profissionais e companheirismo.

É difícil descrever o maravilhoso presente que Deus deu a Eric e à nossa família na pessoa de Fernando. Ele enxerga sua missão como a de ajudar Eric a ampliar sua capacidade, a mantê-lo crescendo em direção a seu completo potencial. Fernando constantemente aprende novas informações e técnicas em seu campo profissional, e busca maneiras de expor Eric a novas experiências e desafios para seu crescimento. Como resultado, a vida de Eric não foi mais a mesma. A partir do momento que os dois passaram a ter atividades juntos, Eric passou a fazer mais do que esquiar todos os anos. Ele aprendeu a andar de jet ski – nunca pude imaginar Eric andando a quarenta milhas por hora na água, porém Fernando acreditava que Eric poderia fazêlo, e o fez. Eric também trabalhou como monitor voluntário para alunos da sexta série, que estudavam o idioma alemão, trabalha em nosso escritório duas vezes por semana, pratica natação algumas vezes por semana, e começou a fazer ginástica com pesos. É difícil nos lembrarmos que Eric é, fisicamente, muito limitado, porque sua vida é completa, desafiadora e se expande a cada dia.

Uma de suas maiores experiências desde que começou a trabalhar com Fernando foi seu envolvimento com o futebol conhecido como "Power Soccer". Trata-se de um novo esporte praticado por pessoas que utilizam cadeiras de rodas motorizadas. Os jogadores frequentam ginásios onde competem em times e fazem gols usando uma grande bola. Eric ama esta atividade e geralmente prefere jogar como atacante.

Há pouco tempo Fernando levou Eric a Vancouver, Canadá, para participar de um torneio. Foi uma grande experiência para Eric. Viajaram juntos de avião, alugaram um carro, hospedaram-se em um hotel, e passearam sozinhos pela cidade. Eric gostou muito, especialmente do torneio de cinco dias em que fez dois gols. E o melhor, seu time ganhou a medalha de ouro!

Nunca vimos o Eric tão animado como quando voltou do torneio. Ele usou sua medalha de ouro no avião, e acredito que levou dias para que ele realmente pusesse os pés no chão. A partir de então, sua confiança era tão forte que ele estava disposto a enfrentar qualquer tipo de desafio. E nisso, Fernando merece uma grande parte da recompensa. Sem a sua confiança em Eric e seu desejo de expandir o mundo dele, nada disso jamais teria acontecido.

Para tornar-se uma pessoa de influência e causar um impacto positivo nas pessoas, você precisa acompanhá-las e realmente envolver-se na vida delas. Isto é o que Fernando fez e continua fazendo com o filho de Jim, Eric. E é exatamente o que você precisa fazer com as pessoas para quem deseja fazer a diferença. Modelar uma vida de integridade é o primeiro passo importante para tornar-se um influenciador porque cria um forte alicerce nas outras pessoas. O próximo passo que naturalmente ocorre é motivar as pessoas. Quando cuidar das pessoas, mostre que acredita nelas, ouça as esperanças e os medos que têm, e demonstre que as compreende. Fazendo isso estará construindo uma forte ligação no relacionamento e estará dando-lhes o incentivo necessário para serem bem sucedidas – e para serem influenciadas por você. Porém, se deseja que as pessoas realmente cresçam, melhorem e tenham sucesso, precisa dar o próximo passo com elas. Terá que se tornar para elas um mentor.

O QUE SIGNIFICA SER UM MENTOR

Dar às pessoas a motivação para crescer sem também prover os meios para fazê-lo é uma tragédia. Todavia, o processo de ter um mentor oferece às pessoas a oportunidade de transformar seu potencial em realidade, seus sonhos em destino. Os mentores causam impacto até a eternidade, pois não se sabe onde termina a sua influência.

Um estadista inglês do século dezenove chamado William Gladstone, disse de maneira assertiva: "Um homem sábio não desperdiça sua energia na busca daquilo para que não está capacitado; e será ainda mais sábio aquele que dentre as coisas que puder fazer bem, escolher e decididamente seguir a que puder fazer melhor". A maioria das pessoas não têm a habilidade natural de identificar suas áreas de maior potencial. Precisam de ajuda para fazê-lo, especialmente à medida que começam a crescer e a lutar para atingir o seu potencial. Por essa razão é importante que você se torne um mentor na vida das pessoas que deseja ajudar. Deverá conduzí-las em seu crescimento nas áreas pessoal e profissional, até que sejam capazes de trabalhar mais independentemente nessas áreas.

Os autores do livro *The Leadership Challenge*, James M. Kouzes e Barry Z. Posner, oferecem pensamentos sobre liderança que fazem parte do tema ser mentor de alguém: "Os líderes são pioneiros. São pessoas que se aventuram em territórios jamais explorados. Eles nos conduzem a destinos novos e freqüentemente não habituais... A única razão para ter líderes — sua função diferenciadora — é fazer-nos mover adiante. Os líderes nos mantêm caminhando para algum lugar".

Os mentores causam impacto até a eternidade, pois não se sabe onde termina a sua influência.

Os líderes mentores movem as pessoas que estão desenvolvendo ao crescimento, e as direcionam para as áreas em que são fortes. Neste capítulo e nos três próximos, vamos focalizar quatro maneiras de ter sucesso na tarefa de ser mentor de outras pessoas: fazer com que as pessoas cresçam, ajudá-las a navegar através dos problemas da vida, conectarmo-nos a elas em um nível mais profundo e dar a elas o poder de alcançar o seu potencial.

Fazer com que as Pessoas Cresçam É um Investimento

O escritor Alan Loy McGinnis observou, "Não há ocupação mais nobre no mundo do que dar assistência a outro ser humano – para ajudar alguém a ser bem sucedido". Ajudar as pessoas a crescer é uma das melhores coisas que se pode fazer por elas. Como John diz em seu livro *The Success Journey*, crescer para atingir o seu potencial é um dos três componentes para ser bem sucedido (desde que paralelamente se conheça os próprios objetivos e se semeie sementes que beneficiem a outras pessoas).

Robert Gross, ex-presidente da empresa aérea Lockheed Aircraft Corporation, explicou uma vez a seus supervisores: "Uma coisa é fazer um produto; outra é construir uma empresa, porque as empresas não são nada mais do que pessoas, e o que estas pessoas produzem não é melhor do que elas mesmas. Nós não construímos automóveis, aviões, refrigeradores, rádios ou cordões de sapatos. Construímos pessoas. E as pessoas constróem os produtos".

Quando você ajuda outras pessoas a crescer, faz várias coisas:

Eleva o nível de vida delas

Denis Waitley disse: "As maiores realizações são aquelas que beneficiam as outras pessoas". Todas as vezes que ajudar pessoas a crescer em qualquer área da vida, serão beneficiadas porque se torna possível darem um passo acima, para um novo nível de vida. À medida que as pessoas desenvolvem seus dons e talentos, são treinados em novas atividades, e alargam suas habilidades de resolver problemas, sua qualidade de vida e nível de contentamento melhoram sensivelmente. Ninguém é capaz de crescer e permanecer sem ser afetado na maneira como vive sua vida.

Quando se ajuda as pessoas a crescerem, nasce uma oportunidade de ajudá-las a alcançar seu potencial.

Aumenta o potencial das pessoas para o sucesso

George Crane, homem de negócios, afirmou que "Não há futuro em nenhum trabalho. O futuro está no homem que tem o trabalho". Quando se ajuda pessoas a crescerem, o futuro delas fica mais claro. Quando expandem seus horizontes, melhoram suas atitudes, melhoram suas habilidades ou aprendem novas maneiras de pensar, agem e vivem melhor. E isso aumenta o seu potencial.

Aumenta a capacidade das pessoas para o crescimento

Quando se ajuda as pessoas a crescerem, não se está dando apenas um apoio temporário, de curto prazo, ou ferramentas que as ajudarão apenas hoje. O crescimento tem benefícios de longo prazo. Ele as auxilia a tornarem-se melhor preparadas, aumentando sua capacidade de aprender e crescer. Após alcançar crescimento, quando quer que recebam um recurso ou uma oportunidade, estarão melhor capacitados para utilizá-los de forma tal que tenham o maior benefício possível. E o seu crescimento começa a se multiplicar.

Aumenta o potencial de sua organização

Se as pessoas que você está ajudando a crescer forem parte de um grupo – não importando se for um grupo de negócios, igreja, time de esportes, ou clube – então todo o grupo se beneficia do crescimento de seus membros. Por exemplo, se muitas pessoas em sua organização melhorarem, mesmo que seja uma leve melhoria, a qualidade de sua organização como um todo melhorará. Se poucas pessoas melhorarem muito, o potencial para crescimento e sucesso aumenta devido ao aumento de liderança dessas pessoas. E se estes dois tipos de crescimento ocorrerem como resultado de seu crescimento pessoal, segure-se pois sua organização está pronta para decolar!

Fred Smith, um amigo de John, é um excelente líder, empreendedor e consultor na área de negócios. Fred esteve trabalhou dando suporte a uma organização que contava com vinte jovens presidentes – CEOs, e manteve por três anos reuniões mensais com eles, quando decidiu que deveriam gastar mais tempo tendo suas próprias experiências. Comunicou, então, ao grupo, que não se reuniria com eles por um determinado espaço de tempo. Continuaram a reuni-se sem a presença dele, mas eventualmente pediram-lhe que comparecesse às reuniões para visitá-los.

Quando os visitou, presentearam-no com uma peça de cristal Baccarat. Nela estavam gravadas as palavras: "Ele nos esticou".

Fred tem "esticado e alargado" outras pessoas durante décadas porque compreende o incrível valor agregado, não somente para as pessoas que recebem esse benefício, como também para todas as pessoas que estas venham a influenciar. A maioria das pessoas é engraçada: querem dar passos à frente e ter sucesso, porém são relutantes às mudanças. Estão geralmente dispostas a crescer apenas o bastante para acomodar seus problemas; ao invés disso, precisam crescer o suficiente para alcançar o seu potencial. Por essa razão precisam de sua ajuda. Os autores Helen Schucman e William Thetford competentemente disseram: "Toda situação, propriamente percebida, torna-se uma oportunidade". Quando se ajuda outras pessoas a crescer, cria-se uma oportunidade de ajudá-las a atingir seu próprio potencial. O ensaista francês Michel Eyquem de Montaigne escreveu:"O valor da vida não está na extensão dos dias, porém no uso que fazemos deles; um homem pode viver muitos anos, mas, na realidade, viver muito pouco". Quando se faz com que outros cresçam, estão sendo ajudados a fazer o máximo com o tempo que possuem, e têm sua qualidade de vida melhorada.

Seja Você mesmo Alguém que Ajuda Outras Pessoas a Crescer

Para muitas pessoas, o simples fato de quererem ajudar outras pessoas a crescer, não significa que estejam prontas para a tarefa. Geralmente precisam fazer primeiramente algum trabalho por si mesmas. Como em muitos casos, se deseja fazer mais por outros, precisará ocupar-se mais consigo mesmo. Isso é mais válido do que nunca quando se trata do trabalho de ser o mentor de alguém. Poderá ensinar o que sabe, mas somente poderá reproduzir o que você é.

Os especialistas em liderança, Warren Bennis e Bert Nanus comentaram sobre esse tema: "É a capacidade de desenvolver e melhorar suas habilidades que distingue os líderes de seus seguidores". Durante seu preparo para a tarefa de ajudar outras pessoas a crescer, a primeira coisa que precisa fazer é crescer e melhorar-se a si mesmo, pois apenas quando está fazendo isto é que será capaz de ajudá-las a fazer o mesmo. Assim como as pessoas não seguirão alguém cujas habilidades de liderança sejam mais fracas do que as delas, também não aprenderão a crescer com alguém que não está crescendo. Você deverá, não apenas estar em um nível mais alto em seu crescimento pessoal, como também continuar a crescer de forma contínua. (Você provavelmente pode se lembrar o quão pouco respeitava um de seus professores do curso ginasial ou colegial, que obviamente parou de aprender e crescer há décadas atrás – provavelmente no dia que recebeu seu título!)

Albert Schweitzer manteve que "O grande segredo do sucesso é viver a vida como um homem que nunca se consumiu". Quando você faz do contínuo aprendizado e de seu crescimento pessoal o seu objetivo, torna-se o tipo de pessoa que nunca se sentirá "consumida". Estará sempre recarregando suas baterias e encontrando as melhores maneiras de fazer as coisas. Para determinar se você ainda está crescendo, pergunte a si mesmo o que ainda deseja conseguir. Se não puder pensar em nada ou se estiver olhando para trás ao invés de olhar para frente, o seu crescimento talvez esteja paralisado.

Foi dito: "O maior obstáculo às descobertas não é a ignorância. É a ilusão do saber". Muitas pessoas perdem de vista a importância do crescimento pessoal assim que concluem sua educação formal. Não permita que isto aconteça com você. Faça de seu crescimento uma de suas maiores prioridades a partir de hoje. Não há tempo a perder. Como foi colocado pelo escritor e pensador escocês Thomas Carlyle: "Uma vida; um pequeno lampejo entre duas eternidades; nenhuma segunda chance para nós por todo sempre". Cada dia que se passa sem um crescimento pessoal é uma oportunidade perdida de melhorar-se a si mesmo e ampliar o crescimento de outras pessoas.

Escolha Cuidadosamente as Pessoas que Ajudará a Crescer

A partir do momento que você haver tido algum crescimento e estiver pronto para ajudar outros a crescer, precisará pensar sobre as pessoas que escolherá para com elas trabalhar. Precisará ser seletivo. Deverá procurar ser um modelo de integridade para todas as pessoas, para as que estejam perto de você ou para as completamente estranhas. Sua meta deverá ser motivar outras pessoas com quem tenha algum tipo de relacionamento – familiares, empregados, pessoas que freqüentam a mesma igreja, colegas e amigos. Contudo, você não poderá dispor do tempo necessário para ajudar que todas as pessoas à sua volta cresçam; é um processo muito envolvente. Por essa razão deverá trabalhar primeiro com as pessoas mais promissoras à sua volta, aqueles que pareçam ser mais receptivos ao crescimento.

No livro "Killers of the Dream", Lillian Smith escreveu: "Nós, na América – e a humanidade na terra – nos colocamos em uma armadilha com a palavra igualdade, que é inaplicável à espécie humana. Gostaria que nos esquecessemos desta palavra. Parem de usá-la em nosso país: deixe-a para os comunistas. Ela não é adequada às pessoas que lançam seus sonhos aos céus. Ela é adequada apenas para nivelar por baixo a humanidade". Certamente queremos que todas as pessoas tenham igual acesso às oportunidades e à justiça, porém sabemos que cada pessoa não responde da mesma forma ao mesmo ambiente ou vantagens. E isso também é verdadeiro para as pessoas que você terá a oportunidade de desenvolver. Algumas pessoas são ávidas por crescer. Outras não se importam com o crescimento pessoal ou não crescerão sob seus cuidados. É seu trabalho entender qual é o perfil de cada pessoa.

Quando pensar a respeito das pessoas que se quer ajudar a crescer, deve-se ter em mente a seguinte diretriz:

- **Selecione pessoas cuja filosofia de vida seja semelhante à sua.** Os valores e prioridades fundamentais das pessoas que você deseja ajudar a crescer, precisam ser similares aos seus. Se você e elas não possuem o básico em comum, ao final estarão trabalhando com propósitos cruzados, e você não experimentará a efetividade que gostaria. Roy Disney, irmão e sócio de Walt disse: "Não é difícil tomar decisões quando se conhece quais são os seus valores". Se você e as pessoas para quem está sendo mentor possuem valores similares, serão capazes de tomar decisões harmoniosas quando trabalharem juntos.

- **Escolha pessoas que tenham um genuíno potencial confiável.** Não é possível ajudar pessoas em quem não se acredita. Dê o seu maior esforço para ser mentor das pessoas que possuem o maior potencial – aquelas para quem você pode ver um futuro promissor – não aquelas por quem você sente pena. Cuide, ame e motive as pessoas sofredoras. Porém dedique-se às pessoas que crescerão e farão a diferença.

- **Selecione pessoas cujas vidas você possa impactar positivamente.** Nem todas as pessoas que você é capaz de desenvolver se beneficiariam de tudo aquilo que você tem a oferecer. Busque um equilíbrio entre o potencial delas e as suas próprias forças e experiências.

- **Avalie a capacidade de homens e mulheres e a altura da montanha que são capazes de escalar.** Gostaríamos que todas as pessoas para quem somos mentores alcançassem seu potencial total e se desenvolvessem até as estrelas. Afinal, os grandes mentores desenvolvem pessoas a um nível superior à habilidade delas. Contudo, a verdade é que enquanto todas as pessoas podem mover-se para um nível mais alto do que aquele que atualmente ocupam, nem todas são capazes de escalar os níveis mais altos. Um bem-sucedido ajudador das pessoas em termos de crescimento avalia o potencial delas e as coloca em uma posição em que serão bem sucedidas.

- **Comece no tempo certo.** Dê início ao processo no tempo certo da vida das pessoas. Provavelmente já ouviu a expressão: "Bata enquanto o ferro está quente". Isso significa agir sobre uma situação no tempo certo. Ouvimos dizer que essa frase foi dita no século catorze. Ela vem do trabalho dos ferreiros, que deviam trabalhar o metal quando ele atingia a temperatura exata, para que pudessem moldá-las no formato desejado. Você deverá fazer o mesmo com as pessoas que deseja ajudar a crescer. Se começar muito cedo elas ainda não enxergarão a necessidade de crescer. Se começar muito tarde, terá perdido a sua melhor oportunidade de ajudá-las.

Uma vez que você encontrou as pessoas certas, tenha em mente que precisará da permissão delas antes que comece a ajudá-las a crescer. As pessoas amam ser encorajadas e motivadas, então você não precisa do consentimento delas para fazer qualquer dessas duas coisas. O processo de ser mentor de alguém realmente funciona quando as duas partes conhecem a agenda, concordam com ela e lhe dão cem por cento de seu esforço.

Encare como Prioridade Conduzir as Pessoas no Processo de Crescimento

Ajudar outras pessoas a crescer é agradável e recompensador, mas também requer tempo, dinheiro e trabalho. Por esta razão é necessário comprometer-se com o processo e assumí-lo com a máxima responsabilidade. Um amigo de John, Ed Cole, costuma dizer: "Há um preço a pagar pelo crescimento. O comprometimento é este preço". A partir do momento que se assume o compromisso, pode-se iniciar o trabalho. As seguintes sugestões lhe ajudarão a maximizar o processo de crescimento:

Enxergue o potencial das pessoas

O compositor Gian Carlo Menotti declarou com ênfase, "O inferno começa no dia em que Deus nos dá a clara visão de tudo que nós deveríamos ter realizado, de todos os dons que desperdiçamos e de tudo que deveríamos ter feito e não fizemos".[1] O desperdício do potencial que temos, e do qual não nos damos conta, é um trágico desperdício. E como alguém que ajuda outras pessoas a crescer, você tem o privilégio de ter como sua tarefa ajudá-las a descobrir e desenvolver seu potencial. Todavia, não se pode fazê-lo até que se enxergue o potencial delas.

O nadador olímpico Geoffrey Gaberino, medalha de ouro, resume esse tema da seguinte maneira: "A real competição está sempre entre o que se fez e aquilo que se era capaz de fazer". Quando olhar para as pessoas que deseja ajudar a crescer, tente discernir o que são capazes de fazer. Procure a centelha da competência. Examine e ouça com seu coração e também com seus olhos. Encontre o entusiasmo delas. Tente visualizar o que estariam fazendo se conseguissem vencer seus obstáculos pessoais, se tivessem ganho confiança, crescido em áreas promissoras e dado tudo de si mesmas. Isso o ajudará a enxergar o potencial delas.

Lance uma visão para o futuro das pessoas

O ex-escritor de discursos presidenciais, Robert Orben, insistiu: "Lembre-se sempre que existem apenas dois tipos de pessoas neste mundo – as realistas e as sonhadoras. Os realistas sabem para onde estão caminhando. As sonhadoras já chegaram lá". Para agregar valor às pessoas que está ajudando a crescer, viaje adiante delas com os olhos de sua mente, visualizando o futuro que elas podem ter, antes que elas o façam. Torne-se capaz de lançar uma visão para o futuro delas, que as ajude a motivarem-se e crescer.

Alguém disse uma vez: "Não se deixe pressionar pelo pensamento de que seus sonhos ou talentos não são prudentes. Eles não foram feitos para ser prudentes, mas sim para trazer alegria e realização à sua vida". Esse é um excelente conselho. As pessoas nunca conseguirão realizar algo além de seus grandes sonhos a menos que seus sonhos sejam grandes demais. Quando você lança uma visão para outras pessoas, está ajudando-as enxergar o potencial e possibilidades que têm. E quando adiciona a esta visão a confiança que tem nestas pessoas, você as impulsiona para que entrem em ação. Benjamim Disraeli, um grande estadista, declarou: "Alimente grandes pensamentos pois você nunca atingirá um nível mais alto do que eles". Ajude as pessoas a pensar grande sobre si mesmas, e começarão a viver como as pessoas que poderão tornar-se.

Deixe aflorar as paixões das pessoas

Como um ajudador, seu trabalho é conduzir ao crescimento as pessoas que desejam crescer. Uma das maneiras de fazê-lo é identificando os anseios, as paixões delas. Todas as pessoas – mesmo as mais tímidas, que menos demonstram – desejam algo. É necessário identificar qual é este desejo. Como apontado pelo cientista Willis R. Whitney, "Algumas pessoas possuem milhares de razões para explicar porque não podem realizar o que querem, quando tudo que necessitam é apenas uma razão que mostre que elas podem".

Quando olhar para os anseios das outras pessoas, vá além da superfície de seus desejos cotidianos. Enxergue profundamente dentro das pessoas. Harold Kushner, com boa percepção, escreveu: "Nossas almas não estão famintas por fama, conforto, bem-estar ou poder. Essas recompensas criam quase um número maior de problemas do que aqueles que elas resolvem. Nossas almas estão famintas por significado, pela maneira de viver que delineamos, para que nossas vidas tenham valor, de forma que o mundo seja ao menos um pouco diferente por termos passado por ele".

Quando descobrir os anseios das pessoas, deixe que eles aflorem. Mostre a elas o quanto suas paixões podem ativar seu potencial o ponto de capacitá-las para realizar sua visão de vida. A paixão pode ajudá-las a transformar seus sonhos em realidade. Como disse um dos presidentes dos Estados Unidos, Woodrow Wilson: "Nós crescemos através de sonhos. Todos os grandes [indivíduos] são sonhadores. Eles conseguem enxergar coisas nebulosas em um dia ensolarado, ou ainda podem enxergar fogo em uma longa tarde de inverno. Alguns de nós deixam os grandes sonhos morrer, e outros os alimentam e protegem; alimentam-os durante os dias maus, até que lhes tragam o brilho do sol e a luz, que sempre vêm ao encontro daqueles que possuem a esperança sincera de que seus sonhos se tornarão realidade". A paixão é o combustível que ajuda as pessoas a alimentar e proteger seus sonhos.

Ocupe-se com as falhas de caráter das pessoas

À medida que se explora como se pode ajudar outros a crescer, torna-se necessário ocupar-se com eventuais problemas de caráter que as pessoas possam ter. Conforme mencionamos no capítulo 1, a integridade é o alicerce sobre o qual tudo mais deve obrigatoriamente se apoiar na vida das pessoas. Não importa a dimensão do crescimento que se consiga, se o alicerce não for sólido, haverão problemas.

Quando examinar o caráter de outras pessoas lembre-se de olhar além da reputação delas. Abraham Lincoln fez a seguinte diferenciação: "O caráter é como a árvore e a reputação como a sua sombra. A sombra é o que pensamos sobre ela; a árvore é o fato real". Gaste tempo conhecendo as pessoas que está ajudando a desenvolver. Observe-as em várias situações. Se conhecê-las tão bem, ao ponto de saber como reagirão na maioria das situações, terá uma idéia de onde poderão estar quaisquer falhas de caráter.

Martin Luther King Jr. disse: "Não se mede uma pessoa fundamentalmente por sua posição em momentos de conforto e nas situações favoráveis, mas através de seu posicionamento durante os períodos de desafios e controvérsias". Sua meta deve ser ajudar as pessoas que está desenvolvendo a permanecer fortes em meio aos desafios. Mas é necessário começar com as coisas pequenas. O autor e líder empresarial, Joseph Sugarman, observou: "Todas as vezes que uma pessoa é honesta e se conduz com honestidade, a força do sucesso a conduzirá a maiores sucessos. Cada vez que uma pessoa mente, ainda que seja uma mentirinha branca, existem forças intensas empurrando-a ao fracasso". Ajude outras pessoas a se conduzir com integridade em cada situação, e serão capazes de crescer e atingir seu próprio potencial.

Coloque em foco os pontos fortes das pessoas

Ao começar a trabalhar com as outras pessoas visando o desenvolvimento destas, alguns têm freqüentemente a tendência de estar às voltas com as fraquezas, ao invés de enfatizar os pontos fortes delas. Talvez isso se deva à facilidade de se ver os problemas e defeitos de outras pessoas. Porém, ao iniciar o trabalho gastando energias para corrigir os pontos fracos das pessoas, elas se sentirão desmoralizadas e o processo de ajudar as pessoas a crescer será, embora não intencionalmente, sabotado.

Recentemente ouvimos uma estória relacionada ao baseball que se refere à questão da fraqueza das pessoas. Uma tarde, em Saint Louis, Stan Musial jogava muito bem contra o lançador do Chicago, Bobo Newsom. Stan primeiramente rebateu um simples, um triplo e então um lance completo. Quando Stan se preparava para usar seu bastão pela quarta vez, o técnico do Chicago, Charlie Grimm, decidiu substituir Bobo e tentar socorrer a situação. Quando o jovem e trapaceiro jogador assumiu a sua posição, e recebeu a bola de Newsom , perguntou: "Diga-me, este tal jogador, Musial, tem algum ponto fraco?"

"Sim", respondeu Newsom, "ele não é capaz de acertar os lances duplos".

Ao invés de colocar o foco nas fraquezas, preste atenção nos pontos fortes das pessoas. Aprimore as habilidades existentes. Elogie as qualidades. Faça aflorar os dons inerentes que estão nas pessoas. As fraquezas podem esperar – a menos que elas sejam defeitos de caráter. Somente após ter desenvolvido um forte nível de comunicação direta com as pessoas, e elas terem começado a crescer e ganhar confiança, deve-se trabalhar as áreas de fraquezas; e lide com elas uma de cada vez, de maneira branda.

Ajude as pessoas a crescer dando um passo de cada vez

Ronald Osborn observou: "A menos que se tente fazer algo além daquilo que já se faz bem, nunca se crescerá". Para ajudar outras pessoas a crescer, ajude-as a dar passos para o crescimento, que requeiram delas esforço regular, sem sobrecarregá-las ou desencorajá-las.

Para cada pessoa, esse processo se mostrará diferente. Porém, a despeito de onde as pessoas são ou para onde estão indo, necessitam crescer em determinadas áreas. Sugerimos incluir as quatro áreas seguintes no processo de desenvolvimento:

1. Atitude. Mais do que qualquer outra coisa, a atitude determina se as pessoas serão bem-sucedidas e capazes de desfrutar a vida. Além do mais, a atitude influencia não apenas cada área da própria vida delas, como também influencia outras pessoas.

2. Relacionamentos. O mundo é feito de pessoas, portanto todas as pessoas precisam aprender a interagir de forma efetiva com as outras. A habilidade de relacionar-se e comunicar-se com os outros pode afetar o casamento, as relações familiares com os parentes, a vida profissional, as amizades e muito mais. Se as pessoas forem capazes de caminhar juntas, poderão alcançar uma posição de ponta em todas as áreas da vida.

3. Liderança. O sucesso ou o fracasso de tudo depende da liderança. Se as pessoas que se está desenvolvendo planejam trabalhar com outras, precisam aprender a liderar. Caso contrário, carregarão toda a carga sozinhas em tudo o que fizerem.

4. Habilidades pessoais e profissionais. Talvez você se surpreenda por ver esse tópico em último lugar desta lista. Entretando, a verdade é que se o pensamento não for positivo e faltarem as habilidades para trabalhar com pessoas, todas as habilidades profissionais no mundo terão pouco proveito. Quando se ajuda as pessoas a crescer, deve-se trabalhar de dentro para fora. O que faz a diferença não é o que acontece para as pessoas; é o que acontece nas pessoas.

Coloque recursos nas mãos das pessoas

Para ajudar pessoas a crescerem, não importando de que área se está tratando, coloque recursos nas mãos delas. Todas as vezes que um de nós nos encontrarmos com pessoas que estamos desenvolvendo, sempre procuramos trazer algo conosco para dar-lhes, como por exemplo livros, fitas, artigos de revistas ou qualquer outra coisa edificante ou instrutiva ao nosso alcance. Nada nos dá maior alegria do que saber que ajudamos alguém a dar mais um passo em seu crescimento. Essa é a razão pela qual nós dois estamos constantemente criando recursos para o crescimento das pessoas. Se não puder encontrar exatamente o que está procurando para ajudálas, deverá estar disposto a dar de sua própria experiência.

Na próxima vez que estiver pronto para encontrar as pessoas que deseja ajudar a crescer, seja ativo no processo. Tenha artigos sobre uma área de interesse delas. Dê-lhes cópias de um livro que influenciou a sua própria vida, ou ofereça-lhes fitas que trarão ensino e inspiração. Se continuar fazendo isso, as pessoas que você está desenvolvendo não apenas amarão os momentos que passam com você, mas cada vez que as encontrar perceberá que cresceram mais um pouco em direção a seus potenciais.

Exponha as pessoas a experiências de crescimento

A implementação de um plano para crescimento amplia as pessoas. Todavia, algumas vezes elas necessitam de algo mais, que lhes ofereça uma manifestação renovada de energia e inspiração. A escritora e defensora de cegos, Helen Keller, disse, "Uma pessoa nunca pode admitir rastejar-se quando sente um impulso para voar às alturas". Quando se expõe as pessoas a experiências de crescimento, planta-se no interior delas o desejo de voar o mais alto possível.

Conferencias e seminários, encontros com homens e mulheres de destaque e eventos especiais têm tido em nós um tremendo impacto. Eles sempre nos tiram de nossa zona de conforto, nos movem a pensar além de nós mesmos, ou nos desafiam a viver novos patamares de vida. Mas lembre-se de que eventos e reuniões não fazem as pessoas crescerem. Eles inspiram as pessoas a tomar importantes decisões que podem mudar a direção da vida delas. O crescimento propriamente dito vem daquilo que as pessoas fazem diariamente, após terem tomado uma decisão.

Ensine-as a se auto-desenvolverem

De acordo com Philip B. Crosby, "Existe uma teoria do comportamento humano que diz que as pessoas retardam o seu próprio crescimento intelectual, de maneira subconsciente. Elas passam a depender de chavões e hábitos. Quando atingem a idade de seu próprio conforto pessoal com o mundo, param de aprender e suas mentes se tornam ociosas pelo resto de seus dias. Elas poderão progredir nas organizações de que fazem parte, poderão ser ambiciosas e ávidas, e poderão até mesmo trabalhar dioturnamente. Porém, não aprenderão mais".

Quando tiver conseguido pessoas que valorizem o crescimento ao ponto de começarem a desenvolver-se a si mesmas, terá rompido uma grande barreira. Contudo, o próximo passo a alcançar é mantê-las crescendo por si mesmas. Tem sido dito que o objetivo de todos os professores, deveria ser preparar estudantes para prosseguirem sem eles. O mesmo pode ser dito sobre as pessoas que procuram ajudar outras a crescer. À medida que se trabalha com outras pessoas ajudando-as a crescer, deve-se dar a elas o necessário para que aprendam a cuidar de si mesmas. Ensine-as a encontrar recursos. Encoraje-as a sair de sua zona de conforto por iniciativa própria. Direcione-as a outras pessoas que possam ajudá-las a aprender e crescer. Se puder ajudá-las a tornarem-se aprendizes por toda sua vida, terá dado a elas um incrível presente.

Um ajudador bem-sucedido avalia o potencial das outras pessoas e as coloca em posição de serem bem-sucedidas.

Ouvimos que foi dito: "Ninguém se torna rico a menos que enriqueça outrem". Quando se enriquece outras pessoas ajudando-as a crescer e ampliar-se a si mesmas, não se traz apenas alegria para elas e para si mesmo, como também se aumenta a sua própria influência e a habilidade dessas pessoas tocarem as vidas de outras.

No início deste capítulo contamos como Fernando enriqueceu a vida de Eric, filho de Jim e Nancy. Entretanto, há mais para contar sobre essa estória:

Desde que o Eric começou a participar do torneio de futebol especial para deficientes, ele realmente mudou. Tornou-se mais assertivo, e persegue seus objetivos com mais entusiasmo. Por exemplo, Eric agora decidiu que quer tentar jogar tênis, então Fernando está trabalhando para deixá-lo em condições de jogar. Como mencionei anteriormente, Eric começou a fazer ginástica com pesos. Mas também deu outro passo para ajudar a tornar possível jogar tênis, um passo que a princípio deixou Nancy e eu apavorados.

Desde seu acidente, a mão direita de Eric tornou-se extremamente limitada quanto às atividades normais, então ele teve que passar a utilizar sua mão esquerda ao máximo. Porém para jogar tênis, teria que utilizar sua boa mão esquerda para segurar a raquete. Qual foi a solução de Fernando? Esperou que Nancy e eu estivéssemos fora da cidade e mudou os controles da cadeira de rodas de Eric para o lado da mão debilitada. Não pensávamos que isso fosse possível, mas era. Eric está agora dirigindo utilizando a mão direita, e, assim que estiver pronto, começará a jogar tênis.

Eric faz também outras coisas que simplesmente nos deixa perplexos. Por exemplo, trabalha no escritório, e ele mesmo se coloca na cama à noite para dormir. Mas isso não é nada comparado a alguns de seus objetivos: Eric quer algum dia ser capaz de dirigir um carro.

O trabalho de Fernando como mentor e treinador de Eric tem sido fantástico. Sempre quisemos o melhor para Eric, mas descobrimos que éramos

super protetores. O processo como um todo nos deu crescimento e ampliou nossos horizontes. E, é claro, é incrível ver Eric crescer e experimentar as mudanças que têm acontecido em sua vida. Porém ele, Nancy e eu não estamos sozinhos nisto. Mesmo a pessoa que trabalhou pelo crescimento de Eric também cresceu. Fernando está mudando e crescendo da mesma maneira. Ele tem sido sempre o perfeito profissional, mas agora estamos vendo uma atitude mais suave, um lado mais amoroso que estava oculto. Recentemente ele disse à Nancy: "Estou aprendendo que devo realmente dar de mim mesmo para que tenha alegria em minha vida".

O que disse o filósofo e poeta americano do século dezenove, Ralph Waldo Emerson, é verdade: "Uma das mais belas recompensas desta vida é que ninguém é capaz de sinceramente tentar ajudar outra pessoa, sem, ao mesmo tempo, ajudar-se a si mesmo". Se alguém der de si mesmo para fazer outras pessoas crescerem e cuidar delas para que alcancem seu potencial, as recompensas que colherá serão quase tão grandes quanto as das pessoas que ajudar.

Checklist de Influência

AJUDANDO AS PESSOAS A CRESCER

❑ **A quem você ajudará a crescer?** Escreva abaixo o nome dos três mais prováveis candidatos para você ajudar. Lembre-se de escolher pessoas cuja filosofia de vida seja similar à sua, pessoas em cujo potencial você acredite, possa causar impacto positivamente e que estejam prontas para o processo.

1. ______________________________
2. ______________________________
3. ______________________________

❑ **Agenda do processo de crescimento.** Use a seguinte grade para desenvolver sua estratégia para crescimento das três pessoas que selecionou:

	Pessoa 1	Pessoa 2	Pessoa 3
Nome	______	______	______
Potencial	______	______	______
Paixão	______	______	______
Caráter	______	______	______
Problema (s)	______	______	______
Ponto forte	______	______	______
Próximo passo no desenvolvimento	______	______	______
Recursos para necessidades atuais	______	______	______
Próxima experiência de crescimento	______	______	______

7

Uma pessoa de influência ...

Navega com Outras Pessoas

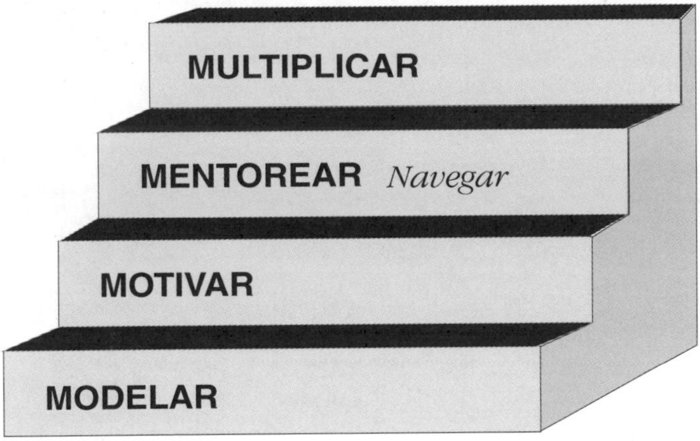

Ajudar as pessoas a crescer e desenvolver seu potencial torna-lhes possível passar a um nível de vida completamente novo. Não importa o quanto cresçam e aprendam, ainda enfrentarão obstáculos. Elas cometerão erros. Enfrentarão problemas em sua vida pessoal e profissional. Se depararão com circunstâncias que não serão capazes de enfrentar bem, sem receber algum tipo de ajuda.

John conta uma estória sobre uma ocasião quando decidiu ajudar um grupo de pessoas, todos os passageiros de um avião, a enfrentar juntas um dia difícil:

Eu viajo muito por causa das palestras que faço por todo o país, e algumas vezes isto leva a situações não usuais. Lembro-me em particular de uma noite, quando estava no aeroporto em Charlotte, na Carolina do Norte, preparando-me para viajar para Indianápolis, no estado de Indiana. Eu estava falando ao telefone no último minuto antes do embarque, e então me dirigi rapidamente para meu portão de embarque e ali encontrei Dick Peterson, o presidente da empresa INJOY, que queria entrar no avião antes que as portas se fechassem. Mas para minha surpresa, a área de espera tinha cerca de cinquenta ou sessenta pessoas.

Olhei para Dick e disse: "O que está acontecendo?"

"Bem",disse Dick,"Parece que ainda não vamos voar por algum tempo".

"Qual é o problema?", perguntei.

"Eu não sei", ele disse.

Então conversei com o funcionário que estava no portão, e ele me disse: "A tripulação ainda não chegou, e nós não podemos permitir que alguém embarque no avião até que cheguem". Então ele anunciou o mesmo pelo sistema de som e eu pude ver cada pessoa na área de espera como se fossem se esvaziar. O aspecto das pessoas era miserável.

Olhei para Dick, e disse: "Sabe, vamos ver se podemos ajudar estas pessoas". Então nos dirigimos ao balcão de uma lanchonete próxima, e eu disse à pessoa que trabalhava ali, chamada Denise: "Quero sessenta Coca-Colas, por favor".

Ela ficou por um momento olhando para mim e finalmente disse, "Você quer sessenta?"

Então expliquei a ela: "Existe um grupo completo de passageiros no andar de baixo, próximos àquele portão de embarque, que estão desapontados e precisam de algo para encorajar seu ânimo".

"Você não está brincando? Você vai comprar uma para cada pessoa?", ela perguntou.

"Pode apostar".

Ela fez uma pausa, então disse: "Posso ajudar".

Ela, Dick e eu levamos os refrigerantes para as pessoas no portão, e pude perceber que elas não tinham certeza sobre o que pensar. Então eu disse: "Poderiam dar-me um momento de atenção, por favor? Meu nome é John Maxwell. Tendo em vista que não vamos partir nos próximos trinta ou quarenta e cinco minutos, pensei que poderia ao menos conseguir algo para bebermos. É por conta da casa".

Começamos a distribuir os refrigerantes, e posso dizer que pensaram que eu fosse alguém difícil de explicar ou entender. Da mesma maneira o pessoal da empresa aérea. Porém, após algum tempo comecei a desenvolver uma boa comunicação com elas, e quando foram informados de que a tripulação já estava chegando, e estariam logo no portão de embarque, pude finalmente conversar com os funcionários que estavam trabalhando no portão de embarque e convencê-los a deixar os passageiros embarcarem.

Logo que todos embarcamos no avião, vi uma grande cesta com amendoins, tabletes de granola além de coisas para comer na cozinha do avião. Pensei comigo mesmo: "Ei, eles deveriam ter algo de comer para acompanhar aquela Coca-Cola". Então saí pelos corredores distribuindo coisas para comer. Em apenas cinco minutos eu já havia servido a todos algum alimento, e estavam tomando suas Coca-Colas. Neste momento, a tripulação entrou apressada a bordo do avião com um ar de quem não sabe como se desculpar por sua falha. Uma comissária se dirigiu imediatamente ao sistema de som do avião e disse: "Senhoras e senhores, daremos início a nosso serviço imediatamente. Assim que possível, começaremos a servir as bebidas".

Bem, a tripulação pôde ouvir muitas risadas e conversas na cabine, e uma das aeromoças perguntou a outra: "O que está acontecendo aqui?"

"Olá, meu nome é John", eu disse a elas, "Não estão muito preocupados sobre o serviço de bordo neste momento. Eu já distribuí para todos algo para comer e beber. Aliás, eu poderia falar ao grupo por um momento?", elas sorrindo disseram, "Sim, porque não?"

Enquanto os pilotos taxiavam o avião na pista e nos encaminhávamos para a decolagem, permitiram que eu falasse. "Oi, gente", eu disse: "Aqui fala seu amigo, John Maxwell. Por favor afivelem os sintos. Em alguns momentos daremos início a nosso vôo, e assim que estivermos voando, voltarei para serví-los".

Nos divertimos muito naquele vôo. Falei com todas as pessoas e ajudei a servir as bebidas. Quando aterrisamos, pedi para falar com o grupo, pelo sistema de som, pela última vez. "Gangue", eu disse, "Aqui é o John. Estou muito feliz por cada um de vocês ter estado neste vôo hoje. Não foi maravilhoso?" Todos aplaudiram e deram vivas. "Agora, quando desembarcarmos, me dirigirei à área de retirada de bagagem. Se algum de vocês tiver qualquer problema, por favor me procure e cuidarei da situação".

Enquanto estava na área de retirada de bagagem ajudando as pessoas a encontrar suas malas, um homem se dirigiu a mim e disse: "Isto foi o máximo! Moro na Flórida e tenho algumas frutas comigo, por favor sirva-se de algumas".

Aceitei e disse: "Muito obrigado. Sabe tenho um irmão que mora na Flórida – em Winterhaven".

"É lá que eu moro!", ele disse. "Como é mesmo o seu nome? John Maxwell? Espere! O nome de seu irmão é Larry e a esposa dele é Anita?"

"É isto mesmo".

"Eu os conheço!", ele disse, "Anita e eu fazemos parte de um mesmo grupo diretivo. Vou ligar para eles agora mesmo. Eles não vão acreditar!". Correu então para um telefone público. "Tenho viajado durante muitos anos", ele disse, "e nunca me aconteceu algo assim antes!"

O que poderia ter sido um vôo miserável de pessoas cansadas e mal-humoradas, tornou-se uma experiência que nenhuma das pessoas naquele vôo jamais esquecerá. Por quê? Porque uma pessoa decidiu tomar outras debaixo de suas próprias asas e ajudá-las em uma situação potencialmente desagradável. Chamamos este processo de "navegar."

A maioria das pessoas precisa de ajuda para trabalhar com algumas dificuldades da vida. Aquele vôo provavelmente não representava mais do que apenas um inconveniente para a maioria daqueles passageiros, mas também gostaram de receber o cuidado de alguém com uma boa atitude. Este tipo de assistência é necessária e apreciada pela maioria das pessoas, especialmente quando os complicados problemas da vida atingem o lar, e as pessoas atravessam momentos difíceis.

Uma pessoa bem conhecida por tentar ajudar as pessoas a trabalhar com seus problemas é Ann Landers. Falando daquilo que ela tem aprendido sobre as pessoas através das cartas que tem recebido para sua coluna no jornal, Ann Landers disse:

> Tenho aprendido muito – inclusive, de maneira mais significativa, aquilo que Leo Rosten tinha em mente quando disse:"Cada um de nós é um pouco solitário, no nos-

> so íntimo, e clamamos por ser compreendidos". Tenho aprendido o que se passa com as pessoas que tropeçam e se sentem torturadas neste mundo por não terem com quem conversar. O fato da coluna para qual escrevo ter sido um sucesso, ao menos para mim, a tragédia de nossa sociedade, os descompassos, a insegurança, o medo de problemas espirituais, aleja e paralisa muitos de nós. Tenho aprendido que o sucesso financeiro, as realizações acadêmicas e a posição social ou política não abrem portas para a paz mental ou para a segurança interior. Somos todos errantes, como ovelhas, neste planeta.[1]

As pessoas em sua vida junto a quem você tem influência precisam de sua ajuda, especialmente aquelas que estão tentando passar a um novo nível, iniciar um novo empreendimento ou entrando em uma nova fase da vida. Elas precisam de alguém para liderá-las e guiá-las. Mel Ziegler, fundador da Banana Republic, delineou a habilidade de navegação do líder quando escreveu: "Um líder descobre o abismo oculto entre onde as coisas estão e onde deveriam estar, e estende uma ponte como recurso para tentar a travessia. Do outro lado ele guia aqueles que ousam atravessar sua fraca ponte até que os engenheiros possam construir uma sólida para todos".[2]

Um líder é alguém que enxerga mais que outras pessoas, que enxerga mais longe que outras pessoas e que enxerga antes das outras pessoas. – Leroy Eims

Ziegler pintou um quadro vivo. Mas para a maioria das pessoas a liderança que necessitam não é apenas algo que ocorra uma só vez, para atravessar uma única divergência. A maioria das pessoas precisa ser orientada de maneira contínua até que possam ter sua vida estruturada, e então ser encorajadas a andar com seu próprio poder. É algo parecido com uma viagem pelo oceano, na qual você é responsável por persuadi-las a vencer uma grande dificuldade no meio do percurso. Deverá ajudá-las a encontrar o seu próprio caminho, seus próprios icebergs, seus mares agitados pelas tormentas, e terá que fazer a viagem junto com elas – pelo menos até que estejam na rota certa e possam aprender a navegar por si mesmas.

O Navegador Identifica o Lugar de Destino

Um bom navegador ajuda as pessoas a identificar o seu lugar de destino. No livro *Be the Leader You Were Meant to Be*, Leroy Eims escreveu: "Um líder é alguém que enxerga mais que outras pessoas, que enxerga mais longe que outras pessoas e que enxerga antes das outras pessoas". No capítulo anterior, falamos sobre a importância de lançar uma visão para o futuro das pessoas de maneira que se sintam encorajadas para crescer. O próximo passo é mostrar a elas seu lugar de destino de uma maneira mais concreta. A maior parte das pessoas que estão insatisfeitas e desencorajadas sentem-se deste modo porque não se agarraram a uma visão para si mesmas. Foi dito: "Enterrar nossos sonhos é enterrarmo-nos a nós mesmos, pois na realidade somos 'feitos do mesmo material dos sonhos'. O sonho de Deus para nós é que alcancemos o nosso potencial". Você precisa ajudar outras pessoas a descobrir seus sonhos e então fazer com que se movam para alcançá-los. Se não houver movimento, então não poderá haver navegação. E qualquer movimento representará progresso, somente se estiver na direção do lugar de destino.

Você já deve reconhecer uma grande parte do potencial das pessoas que está tentando ajudar como mentor, porém é necessário conhecer mais sobre elas. Para ajudá-las a reconhecer o local de destino que estarão lutando para alcançar, é necessário conhecer o que realmente importa para elas, o que as desperta. Para fazer isso encontre resposta para as seguintes questões:

- **Pelo que elas clamam?** Para saber para onde as pessoas realmente querem ir, é necessário conhecer o que toca o seu coração. Paixão e compaixão motivam as pessoas a agir. Já foi dito que os grandes homens e mulheres da história foram grandes não pelo que possuíram ou ganharam, mas pelas coisas pelas quais deram suas vidas para realizar. Ouça com o seu coração e descobrirá as coisas pelas quais as pessoas estão dispostas a dar de si mesmas.

- **Qual é o tema das canções que elas cantam?** Frank Irving Fletcher observou: "Nenhuma pessoa pode oferecer coisas boas, se o seu coração estiver mais pesado do que a sua capacidade". Existe uma grande diferença entre aquilo que toca o coração das pessoas e aquilo que pesa no coração delas. Ao longo da carreira, as pessoas precisam colocar em foco muita energia naquilo que lhes dá prazer. Procurar pelos entusiasmos nas pessoas que está ajudando como mentor, lhe dará outra indicação sobre aonde querem chegar.

- **Quais são os sonhos das pessoas?** Napoleon Hill disse: "Estime suas visões e sonhos como filhos de sua alma; como o projeto de suas mais importantes realizações pessoais". Se puder ajudar as pessoas a descobrirem os seus próprios sonhos e realmente acreditar neles, poderá ajudá-las a tornarem-se as pessoas que foram projetadas para ser.

O Navegador Assinala a Rota

Quando se considera as paixões das pessoas, seu potencial e visão, torna-se possível enxergar para onde realmente desejam ir, porque podem ser vistas com mais profundidade e discernimento. As pessoas geralmente dizem que a sua meta é alcançar a felicidade ou o sucesso, mas se identificarem algo tão superficial como seu destino, certamente serão desapontadas. Como John Condry enfatizou: "Felicidade, riquezas e sucesso são sub-produtos da fixação de metas; não podem ser as metas propriamente ditas".

Uma vez que como navegador se presta assistência a outras pessoas na identificação da visão para suas vidas, torna-se necessário ajudá-las a encontrar a maneira para torná-la realidade. E isso significa assinalar uma rota e fixar as metas. J. Meyers disse, "Um lápis número 2 e um sonho podem levar uma pessoa a qualquer lugar". Não há dúvida de que ele compreendeu o valor de se planejar e escrever objetivos. Isso não significa que as coisas sempre caminharão da maneira esperada, mas é necessário começar com um plano de ação. Uma boa regra prática é fixar suas metas em concreto e escrever seus planos em areia.

Para ajudar as pessoas a assinalar suas rotas, preste atenção às seguintes áreas:

Aonde elas precisam ir

Você ficaria maravilhado por ver quão longe algumas pessoas podem chegar quando procuram alcançar seus objetivos. Como E.W. Howe escreveu no livro *Success Is Easier Than Failure*, "Algumas pessoas passam a vida inteira se preocupando com montanhas imaginárias, e morrem aos pés destas amaldiçoando dificuldades que não existem". Pessoas que ainda não experimentaram o sucesso, freqüentemente não têm idéia do que é necessário para sair da posição em que estão para a que desejam alcançar. Lançam-se em um labirinto de atividades porque não reconhecem que podem tomar um caminho mais fácil. Como navegador, você é a pessoa indicada para mostrar a elas a melhor rota.

O que precisam saber

Ouvimos uma divertida estória de um marido que desejava ajudar a esposa, porque suspeitava que ela tivesse problemas auditivos. Uma noite ele se posicionou em seu quarto, do lado oposto de onde ela estava, de costas para ele, e disse de maneira suave: "Você pode me ouvir?"; ele não teve resposta, então aproximou-se um pouco mais e repetiu: "Você pode me ouvir agora?"; nenhuma resposta. Moveu-se para ainda mais perto e perguntou: "Você pode me ouvir?"; Ele não ouviu nenhuma resposta, e então finalmente repetiu a pergunta diretamente detrás dela. Ela, virando o rosto em sua direção, disse: "Pela quarta vez, sim!".

Muitas pessoas são parecidas com esse marido. Querem ser bem sucedidas e ajudar outras pessoas, mas sua falta de entendimento ou conhecimento as impedem. O bom navegador reconhece os pontos de cegueira das outras pessoas, gentilmente os identifica e as ajuda a superá-los.

Como precisam crescer

Quando alguém está navegando por outras pessoas, deve-se lembrar que não poderão fazer a viagem toda em um só dia. Terão que aprofundar-se em seus objetivos, e fazer as coisas uma por vez. Uma experiência realizada por Alfred J. Marrow, presidente de uma companhia, Ph.D. em psicologia, ilustrou esse fato. Ele estava interessado em encontrar uma maneira de ajudar novos empregados, ainda não-treinados, a alcançar o mais alto nível de desempenho, atingindo o padrão de seus funcionários mais experientes no mais curto espaço de tempo possível.

Marrow decidiu dividir alguns novos empregados em dois grupos. No primeiro, ele solicitou aos novos funcionários que alcançassem a produtividade dos funcionários experientes ao final de doze semanas. Para o segundo grupo, estabeleceu metas semanais gradativas. Cada meta semanal era levemente mais ambiciosa que a da semana anterior.

Um lápis número 2 e um sonho podem levar uma pessoa a qualquer lugar
—J.Meyers

No primeiro grupo, com a meta única, apenas 66 por cento dos trabalhadores foram capazes de atender às expectativas. Porém, o segundo grupo, com as metas intermediárias, teve um desempenho significativamente melhor, e os trabalhadores foram capazes de alcançar, mais rapidamente, as médias de produção dos funcionários mais experientes da companhia.[3]

Quando se trabalha com pessoas, é necessário ajudá-las a estabelecer não apenas seus objetivos de longo prazo, como também os passos menores ao longo do caminho. Ajude-as a identificar metas atingíveis que darão a elas confiança, e progredirão.

UM NAVEGADOR PENSA À FRENTE

Poucas coisas são mais desencorajadoras do que ter sua visão reduzida, especialmente quando alguém que poderia ter lhe ajudado fica sem ação, apenas assistindo os acontecimentos. Essa é a razão pela qual pensar à frente pelas outras pessoas é parte da tarefa de um navegador. O líder e mentor de pessoas deve ter ido a lugares que as pessoas que estão sendo ajudadas ainda não foram, ter experiências pelas quais elas ainda não passaram, e inspirações e pensamentos que elas ainda não desenvolveram. Deve ter a habilidade de prepará-las para aquilo que enfrentarão. Caso contrário, não estará ajudando-as da maneira que deveria, e não estará mais fazendo uma de suas mais importantes funções como líder. O humorista americano Arnold H. Glasow percebeu a importância disto: "Um dos testes de liderança é reconhecer um problema antes que ele se torne uma emergência". Isso é algo que as pessoas que estão sendo ajudadas não podem, a princípio, fazer por si mesmas.

Aqui estão quatro coisas que se deve ajudar as pessoas a compreender assim que iniciam o processo:

1. Todas as pessoas enfrentam problemas

Algumas pessoas dizem em tom de brincadeira "Se você é capaz de não perder a cabeça, quando todas as pessoas à sua volta estão perdendo a delas, é porque você não entende o problema". Trabalhando como mentor de pessoas e ajudando-as a crescer, é necessário entender que elas esperam algum dia alcançar um ponto em suas vidas quando seus problemas desaparecerão. Porém, é necessário que elas compreendam que todas as pessoas têm problemas. Não importa o quão longe elas consigam ir ou o quão bem sucedidas se tornem, continuarão a enfrentar dificuldades. Ou ainda como foi dito pelo escritor e advogado de artistas, Elbert Hubbard: "O homem que não tem mais problemas para resolver está fora do jogo". O grupo de pesquisa, Barna Research Group, estudou mais de mil e duzentas pessoas para reunir informações sobre os problemas que enfrentavam. Pediram às pessoas que identificassem suas mais sérias necessidades ou problemas individuais. Aqui estão as respostas ao lado do percentual de pessoas que as classificaram como de maior pressão:

39%	Financeiros
16%	Relativos a trabalho
12%	Saúde pessoal
8%	Tempo e stress
7%	Problemas com os parentes
6%	Alcançar conhecimento na área educacional

3% Medo de crimes
3% Relacionamentos pessoais [4]

Como você pode ver, as pessoas enfrentam uma variedade de problemas, sendo o dinheiro o maior deles. Prepare-se para dar a elas assistência. E lembre-se de resolver seus próprios problemas antes de tentar ajudar outras pessoas a resolver os delas.

2. Pessoas bem-sucedidas enfrentam mais problemas do que as pessoas mal-sucedidas

Outra concepção errada muito comum é que as pessoas bem-sucedidas alcançaram seu êxito porque não tinham problemas. Porém, isso não é verdade. Em seu livro, *Holy Sweat,* Tim Hansel conta a seguinte estória:

> Em 1962, Victor e Mildred Goertzel publicaram um estudo revelador de 413 pessoas famosas e excepcionalmente dotadas. O estudo foi chamado de 'Berço de Eminências'. Esses dois pesquisadores passaram anos tentando compreender a fonte do sucesso dessas pessoas, e a linha comum que passava pela vida de todas elas. O fato mais excepcional foi que quase todas elas, 392, tiveram que superar obstáculos muito difíceis para tornarem-se quem elas eram. Os problemas dessas pessoas tornaram-se oportunidades ao invés de obstáculos.[5]

As pessoas não apenas superam obstáculos para tornarem-se bem-sucedidas, mas mesmo depois de ter alcançado um nível de sucesso, continuam a enfrentar problemas. A má notícia é que quanto mais alto se vai – pessoalmente e profissionalmente – a vida fica mais complicada. Aumentam os compromissos na agenda, aumentam os assuntos relacionados a dinheiro e espera-se muito de pessoas bem-sucedidas. Contudo, a boa notícia é que se continuarem a crescer e desenvolver-se, sua habilidade para lidar com problemas também aumentará.

3. O dinheiro não resolve problemas

Outra crença defeituosa é que o dinheiro resolve todos os problemas. O oposto é atualmente verdadeiro – pessoas que têm dinheiro tendem a ser menos felizes e ter problemas adicionais. Por exemplo, Ernie J. Zelinski cita uma recente pesquisa que mostra que as pessoas que ganham mais de 75 mil dólares por ano estão mais insatisfeitas com seus ganhos, do que as pessoas que ganham menos de 75 mil dólares por ano. Ele também observou o seguinte:

> O percentual de ricos que têm problemas com álcool e drogas é maior do que o da população em geral. Eu tenho um teoria sobre o quão ricos seremos se tivermos muito dinheiro. Se estivermos felizes e cuidando bem de nossos problemas enquanto ganharmos 25 mil dólares por ano, continuaremos felizes e cuidaremos bem de nossos problemas quando tivermos muito mais dinheiro. Se estivermos infelizes e não conseguirmos cuidar bem de nossos problemas enquanto ganhamos 25 mil dólares por ano, podemos esperar o mesmo de nós mesmos se tivermos muito mais dinheiro. Seríamos tão infelizes e cuidaríamos de maneira tão ineficaz de nossos problemas, porém com mais conforto e estilo.[6]

O resultado final é que se deve tentar ajudar as pessoas a compreender que o dinheiro não substitui as habilidades básicas de saber resolver problemas, que elas precisam desenvolver. Problemas financeiros são geralmente um sintoma de outros problemas pessoais.

4. Os problemas oferecem uma oportunidade de crescimento

Quando se olha adiante e se ajuda as pessoas, pode-se compreender que enquanto os problemas são capazes de causar dor, eles também oferecem uma excelente oportunidade para crescimento. Ou como colocado pelo autor Nena O'Neill: "De cada crise vem a chance de nascer novamente".

As pessoas de Enterprise, no estado do Alabama, compreenderam essa idéia. No centro de sua cidade há um monumento ao casulo do besouro mexicano, erguido em 1919. A estória que está por trás é que em 1895, o inseto destruiu a maior colheita do país, o algodão. Após aquele desastre, os fazendeiros locais começaram a diversificar, e a colheita de amendoins de 1919 excedeu em muito o valor das melhores colheitas, inclusive de algodão, naquele ano. No monumento estão escritas as seguintes palavras: "Em profunda gratidão ao casulo do besouro e pelo que ele fez como arauto da prosperidade... de um tempo de luta e crise veio novo crescimento e sucesso. Da adversidade veio a benção".

Como se pôde certamente observar, nem todas as pessoas enfrentam os problemas da vida da mesma maneira. O historiador Arnold Toynbee acreditava que todas as pessoas, sob circunstâncias difíceis, reagem conforme uma das quatro maneiras abaixo:

1. Retrocedem ao passado
2. Sonham durante o dia com o seu futuro
3. Tornam-se introspectivas e esperam por alguém que as resgate
4. Enfrentam a crise e transformam-na em algo útil

Quando se ajuda outras pessoas, deve-se deixá-las saber que há águas turbulentas à frente. Mostre a elas que é prudente planejar o futuro da melhor maneira possível. E quando vierem as adversidades, encorage-as a enfrentá-las e tentar, como resultado, tornar-se alguém melhor.

Um Navegador Faz Correções na Rota

Ouvimos que antes de se ter à disposição os sofisticados equipamentos de navegação, o navegador costumava fazer uma leitura das estrelas em um horário particular, no meio da noite, para determinar o quão distante da rota estava o seu navio, e assim fazia os ajustes necessários para voltar à rota correta. Não importava o quão precisa era a rota original, ou o quão cuidadosamente o timoneiro tivesse seguido as ordens, o navio sempre se desviava da rota e necessitava ajustes.

Com as pessoas ocorre o mesmo. Não importa o quão focadas sejam ou quão bem planejem, elas ainda sairão da rota. O problema surge quando elas têm dificuldades de fazer correções em sua rota – seja por desconhecem que estão fora da rota, ou porque não saibam o que fazer para corrigir as coisas. Nem todas as pessoas são solucionadoras naturais de problemas. Para a maioria é uma habilidade que deverão obrigatoriamente aprender. John Foster Dulles, secretário de estado durante a administração Eisenhower, propôs que "Não se mede o sucesso de alguém por ter tido um problema difícil para resolver, mas, se é o mesmo problema que teve no ano anterior". Como navegador, pode-se ajudar as pessoas a evitar a situação de repetição de problemas.

Ensine as pessoas a não darem ouvidos a críticas duvidosas

No livro *Principle – Centered Leadership,* Stephen Covey conta como Colombo foi uma vez convidado para um banquete onde lhe deram o lugar de maior honra à mesa. Um palatino leviano, que tinha inveja dele, perguntou de maneira grosseira, "Você não descobriu as Índias! Não há outros homens na Espanha que teriam sido capazes de realizar este feito?"

Colombo não deu resposta, mas pegando um ovo convidou os presentes a tentarem colocá-lo em pé sobre a mesa. Todos tentaram, mas ninguém conseguiu. O explorador, então, bateu o ovo levemente na mesa causando neste uma pequena depressão, e o colocou de pé.

"Qualquer um de nós poderia ter feito isto!", disse o palaciano.

"Sim, apenas se soubessem como fazê-lo", respondeu Colombo, "E, a partir do momento em que neles mostrei o caminho para o Novo Mundo, nada é mais fácil do que seguí-lo".

Quando alguém está navegando por outras pessoas, deve-se lembrar que não poderão fazer a viagem toda em um só dia.

A verdade é que criticar outras pessoas é cem vezes mais fácil do que encontrar soluções para os problemas. Contudo criticar não leva uma pessoa a lugar algum. Alfred Armand Montapert resumiu isso da seguinte maneira: "A maioria das pessoas vê os obstáculos; a minoria enxerga os objetivos; a história registra os sucessos desta minoria, enquanto o esquecimento é a recompensa da maioria". Deve-se ajudar as pessoas, influenciando-as a ignorar as críticas e a manter sua atenção no panorama maior. É importante mostrar a elas que a melhor maneira para silenciar as críticas é resolver o problema e seguir em frente.

Como um treinador, ensine as pessoas a não se prostrarem diante dos desafios

Um jogador trapaceiro, que fazia parte da liga maior do baseball, enfrentou pela primeira vez o lançador Walter Johnson, na época em que Johnson estava em sua melhor forma. O batedor fez dois rápidos strikes e, dirigindo-se para o abrigo, disse ao árbitro que mantivesse o terceiro strike – ele já havia visto o suficiente.

Diante de problemas difíceis, praticamente todas as pessoas tendem a se desencorajar. Por essa razão é bom ensiná-las, como um técnico, durante as ocasiões em que enfrentarem problemas, especialmente no início do processo, quando se está trabalhando como mentor, ajudando as pessoas a a navegar. Encoraje-as a manter uma atitude positiva, e dê a elas estratégias para poderem resolver problemas.

O especialista em gerenciamento, Ken Blanchard, recomenda um processo de quatro passos para a solução de problemas que inclui: (1) pensar no problema visando torná-lo específico, (2) formular soluções teóricas para resolver o problema, (3) prever as consequências de cada solução teórica em que se pensou, e, (4) então escolher o método que se deve utilizar para resolver o problema, baseado no panorama geral da situação. Blanchard diz: "Se tiver que escolher sobre suas férias ou seu cônjuge, uma festa ou um candidato, uma causa para contribuir ou um credo religioso para viver de acordo com ele – pense!" Não existem problemas impossíveis de se resolver. O tempo, o pensamento e uma atitude positiva são capazes de resolver praticamente todas as coisas.

Encoraje as pessoas a buscar soluções simples

Existem algumas chaves para o método mais efetivo de solução de problemas. A primeira é reconhecer que uma maneira simples de resolver um problema é melhor do que a maneira mais engenhosa. Um exemplo da vida de Thomas Edison ilustra muito bem este ponto. Costuma-se dizer que Edison tinha uma maneira singular de contratar engenheiros. Dava ao candidato um bulbo de lâmpada e perguntava: "Qual a quantidade de água que se pode colocar dentro deste bulbo?" Geralmente haviam duas maneiras que os engenheiros escolhiam para resolver o problema. A primeira era utilizar padrões para medir os ângulos do bulbo, e então utilizar as medidas para determinar a área superficial. Às vezes esse método durava cerca de vinte minutos. A segunda maneira era encher o bulbo com água e verter o conteúdo para um recipiente com graduação de volume, o que levava aproximadamente um minuto.[7] Edison nunca contratava os engenheiros que utilizassem o primeiro método. Ele não queria que os engenheiros o impressionassem – queria que apresentassem resultados de forma simples.

O segundo elemento para resolver problemas de maneira efetiva é a habilidade de tomar decisões. Thomas J. Watson Jr., ex-presidente da IBM, acreditava que resolver problemas rapidamente era essencial para progredir. "Resolva", ele declarava. "Resolva rapidamente, de forma certa ou errada. Se resolver de maneira errada, o problema voltará e baterá em sua face, e então poderá resolvê-lo de maneira correta. Estar deitado como morto na água, sem fazer nada é uma alternativa confortável porque não traz risco, mas é uma maneira absolutamente fatal de gerenciar um negócio". Esta é também uma maneira terrível para as pessoas gerenciarem suas próprias vidas. Ajude outras pessoas a dar conta de que precisam ajustar sua rota, juntos encontrem soluções simples que elas acreditem que funcionarão, e executem-nas sem demora. Não deixe que elas continuem viajando fora do curso, ainda que por um curto espaço de tempo.

Faça com que as pessoas sintam-se confiantes

Quando se ajuda outras pessoas com seus problemas e erros, uma freqüente armadilha é que elas podem sentir-se duvidosas sobre si mesmas. Encoraje continuamente as pessoas que estiver ajudando. George Matthew Adams disse: "O que você pensa significa mais do que qualquer outra coisa em sua vida. Mais do que o quanto você ganha, do que onde mora, mais que sua posição social e mais que qualquer outra pessoa possa pensar sobre você". O tamanho das pessoas e a qualidade da atitude delas: são mais importantes do que o tamanho de qualquer problema que venham a enfrentar. Se as pessoas que você ajuda permanecerem confiantes, serão capazes de superar qualquer obstáculo.

O Navegador Permanece Com as Pessoas

Finalmente, o bom navegador faz a viagem com as pessoas que está guiando. Ele não dá instruções e vai embora. Ele viaja junto com as pessoas como um amigo. O autor e conferencista Richard Exley explicou seu conceito de amizade da seguinte maneira: "O verdadeiro amigo é aquele que ouve e entende quando você compartilha seus sentimentos mais profundos. Ele suporta você durante suas lutas; ele lhe corrige de forma gentil e com amor quando você erra; e ele perdoa quando você fracassa. O verdadeiro amigo lhe estimula ao crescimento pessoal, força-lhe a atingir seu potencial máximo. E o mais surpreendente, ele comemora os seus sucessos como se fossem dele".

À medida que você acompanha as pessoas que está influenciando e ajudando como mentor, enfrentará dificuldades junto com elas. Você não será perfeito, nem elas, mas mantenha em mente as palavras de Henry Ford: "Seu melhor amigo é aquele que traz para fora o melhor que há dentro de você". Faça o melhor de si para alcançar este objetivo, e ajudará muitas pessoas.

Quando as pessoas aprendem a tornar-se eficazes solucionadoras de problemas, e se tornam capazes de navegar por si mesmas, a vida delas começa a mudar dramaticamente. Elas não mais se sentem impotentes diante das difíceis circunstâncias da vida. Aprendem a mover-se com os golpes – e até mesmo a desviar-se de alguns deles. E quando resolver problemas se torna um hábito, nenhum desafio parece ser tão grande.

Jim é um excelente pensador e solucionador de problemas. Ele tem navegado através dos anos por algumas situações muito interessantes. Recentemente ele narrou uma estória que sem dúvida lhe agradará:

> **Há alguns anos, enquanto Nancy e eu éramos os anfitriões de um seminário de negócios a bordo de um grande navio de cruzeiro no Caribe, fomos chama-**

dos às pressas para uma importante reunião de negócios em Michigan. Não tivemos problemas para chegar à reunião pois foram tomadas providências para que um jato particular nos apanhasse no aeroporto em San Juan, Porto rico. Porém a volta de Michigan para o navio tornou-se uma outra estória.

Nosso plano era voltar no mesmo jato, no dia seguinte, e encontrar o navio em seu próximo porto. Dali o navio retornaria a Miami, e poderíamos, continuar ministrando nosso seminário. Entretanto, quando estávamos iniciando a decolagem, em Michigan, para retornar ao navio, nosso avião apresentou um problema e tivemos que voltar ao hangar. Isso nos causou sérios problemas. Não havia vôos comerciais para nosso destino, nem qualquer avião particular que tivesse capacidade de vôo sem reabastecimento para nos levar a San Martin, que fica a cerca de mil e quinhentas milhas da costa da Flórida. Simplesmente perder o seminário não era uma opção aceitável para nós, então buscamos outras possibilidades. O melhor que poderíamos fazer era tomar um jato particular para Atlanta e trabalhar para encontrar outro avião que concluísse a viagem.

Assim que chegamos a Atlanta, já havíamos acertado outro avião que estava à nossa espera. que nosso avião parou pegamos nossas coisas e já entramos no outro avião. Você pode imaginar nosso alívio ao entrar no avião e decolar. Passado não muito tempo, descobrimos que nosso vôo chegaria à ilha exatamente quinze minutos após o horário planejado para a saída do navio. "Temos que conseguir que atrasem a partida do navio", eu disse.

O piloto começou a trabalhar no problema, e conseguiu entrar em contato com o capitão do navio por rádio. Ele concordou com um atraso de vinte minutos. Então o piloto trabalhou para que passássemos rapidamente pela inspeção da alfândega, e nos sentimos otimistas quando tivemos uma resposta afirmativa.

Entramos no primeiro táxi que vimos e saímos, porém quase imediatamente nos deparamos com um grande congestionamento.

"A que distância estamos do navio?", perguntou Nancy.

"Estamos do outro lado da ilha", respondeu o motorista.

"Quanto tempo levaremos até lá?"

"Quinze, talvez vinte minutos."

"Precisamos fazer este percurso em menos de dez minutos", eu disse, oferecendo-lhe uma gorjeta realmente boa.

Ele olhou para mim, olhou para a gorjeta, e disse:"Sim, senhor". Jogou o carro sobre a calçada e fez um retorno entrando em uma rua muito estreita. Subimos nos meio-fios das calçadas, passamos sinais vermelhos, e nos movemos por becos e ruas laterais nebulosas. Nos sentimos como se estivéssemos na Disneylândia andando no passeio *Mr. Toad´s Wild Ride*. Parece que vimos os fundos de todos os prédios da ilha. Mas então nos lançamos em uma estreita abertura entre dois prédios e nos dirigimos ao final dela onde havia luz e podíamos ver o porto – e o navio à vista, tocando sua buzina, significando que ia partir imediatamente.

Assim que chegamos ao final do cais descemos do táxi aos gritos. Foi ai que começamos a ouvir os aplausos e os gritos de viva. Evidentemente, nosso grupo foi avisado no navio que estávamos lutando para reencontrá-los. E quando finalmente tivemos um instante para olhar para cima, pudemos ver mais de quinhentas pessoas no convés do navio animadas, batendo palmas e dando vivas, comemorando a nossa chegada.

"Quem são vocês?", perguntou o motorista. Eu apenas lhe dei o dinheiro e disse: "Obrigado por sua ajuda". Então Nancy e eu corremos para a prancha de embarque. Não foi fácil, porém conseguimos.

A habilidade para navegar em meio aos problemas e vencer os obstáculos é uma habilidade que qualquer pessoa pode aprender, mas ela requer prática. Se Jim e Nancy tivessem enfrentado a mesma situação vinte anos antes, eles provavelmente não chegariam a tempo ao navio. Porém, através dos anos, desenvolveram uma incrível habilidade de fazer as coisas acontecerem, não apenas em suas próprias vidas, mas também na vida de outras pessoas.

Você pode ter essa mesma habilidade. Torne-se um navegador na vida das outras pessoas. Você será capaz de utilizar sua influência para ajudá-las a mover-se acima, em direção ao próximo nível na vida delas e, se as assistir durante seus momentos mais difíceis, se tornarão pessoas amigas por toda vida.

Checklist de Influência

NAVEGANDO PELAS OUTRAS PESSOAS

❑ **Identifique o lugar de destino das pessoas.** Pense a respeito das três pessoas que decidiu ajudar. Aonde elas querem chegar? Observe o que as faz chorar, cantar e sonhar. Escreva aqui estas coisas:

Pessoa 1: ____________________
Chorar: ____________________
Cantar: ____________________
Sonhar: ____________________

Pessoa 2: ____________________
Chorar: ____________________
Cantar: ____________________
Sonhar: ____________________

Pessoa 3: ____________________
Chorar: ____________________
Cantar: ____________________
Sonhar: ____________________

❑ **Olhe para frente.** Baseado em sua experiência e conhecimento a respeito destas pessoas, faça uma lista das dificuldades que você pensa que elas poderão enfrentar em um futuro próximo:

1. ____________________
2. ____________________
3. ____________________

❑ **Planeje o futuro.** Como é que você pode ajudá-las a navegar através destes problemas potenciais? Escreva o que você pode fazer e quando deve fazê-lo.

1. ____________________
2. ____________________
3. ____________________

8

Uma pessoa de influência ...

Se Liga às Pessoas

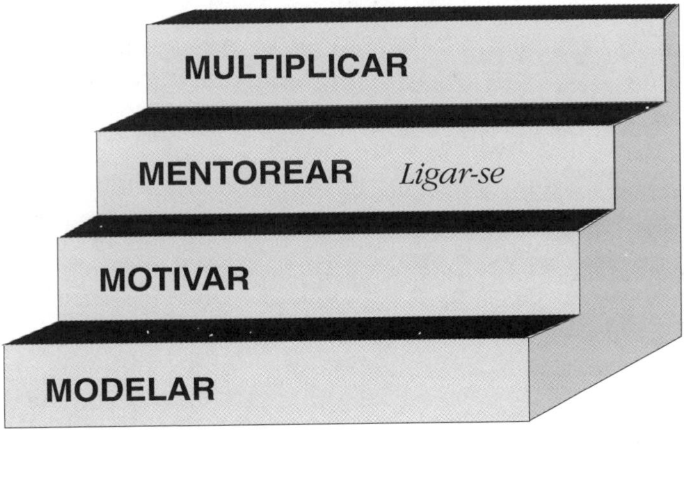

Você já participou de uma reunião de família ou escolar? Pode ser agradável porque lhe dá a chance de relacionar-se com pessoas que não vê há muito tempo. John recentemente participou de uma reunião dessas, onde passou ótimos momentos. Deixemos que ele conte:

Minha primeira atividade após o colegial em 1969 foi em uma pequena igreja em Hillham, no estado de Indiana. Fui o pastor presidente daquela igreja por três anos. A igreja realmente cresceu durante o curto período de tempo em que Margaret e eu estivemos ali, de tal forma que tivemos que construir um novo prédio para a igreja em 1971, para acomodar todas as pessoas. Olhamos para estes três anos de nossas vidas e entendemos que foi um período crucial de crescimento que nos trouxe alegria e benefícios.

Recentemente, recebi um telefonema de alguém daquela pequena igreja do interior. A pessoa ao telefone explicava entusiasmada que estavam se preparando para comemorar o aniversário de vinte e cinco anos do prédio que construímos. Estavam planejando ter um grande culto convidando pessoas que moravam distantes para comemorar com eles. Então a pessoa do outro lado da linha fez uma pausa e finalmente perguntou: "Dr. Maxwell, o senhor gostaria de voltar e pregar para nós no culto de domingo?"

"Eu gostaria muito de voltar e pregar em seu culto", disse-lhe. "Seria uma honra. Diga-me apenas a data, e estarei lá".

Durante os meses seguintes gastei algum tempo pensando como eu poderia fazer desse aniversário um grande dia para eles. A última coisa que eu gostaria de fazer era voltar como um tipo de herói conquistador. Eu sabia que precisava encontrar maneiras de ligar-me a eles.

A primeira coisa que fiz foi pedir que me enviassem uma cópia da lista dos membros da igreja com fotos e nomes de todas as pessoas. Havia no livro muitos rostos que reconheci. Algumas pessoas tinham menos cabelos do que eu me lembrava, e muitos daqueles cabelos estavam agora grisalhos, mas eu conhecia os rostos atrás daquelas rugas de vinte e cinco anos. Havia muitos rostos novos para mim. Filhos e filhas das pessoas que eu amava e alguns novos nomes que não reconheci. Passei muitas horas estudando aquelas fotos e memorizando seus nomes.

Então preparei a melhor mensagem que pude, repleta de estórias de nossas experiências comuns. Compartilhei alguns de meus erros e relembrei todas as vitórias deles. Eu queria que soubessem que eram participantes de meus sucessos. Eles eram formadores de líderes, e eu me senti muito privilegiado por tê-los servido por três anos e sido beneficiado por seu amoroso suporte e cuidado por mim.

Contudo, eu sabia que mais importante do que a mensagem que pregaria, ou qualquer outra coisa que eu pudesse fazer, seria o tempo que eu seria capaz de passar com as pessoas. Então, quando chegou a hora, Margaret e eu tomamos um vôo bem cedo, e passamos a tarde de sábado com algumas pessoas que eram membros da igreja naquele tempo, e foram pessoas que consideramos uma parte vital em nosso ministério há vinte e cinco anos atrás. Compartilhamos muitas recordações maravilhosas. Contei a elas sobre algumas de minhas lembranças favoritas, e surpreenderam-me com algumas de suas próprias estórias. Por exemplo, havia um homem que usava uma cadeira de rodas e que tinha sido um adolescente quando eu era o pastor ali. Havia sofrido um acidente que o deixou em coma. Visitei a ele e a sua família várias vezes no hospital, e uma noite compartilhei com ele minha fé estando ele inconsciente em sua cama. Parti de Hillham logo após este episódio, para ser pastor em uma outra igreja, e até a presente visita eu não tivera mais notícias sobre aquele homem, se havia se recuperado do estado de coma.

"Você se lembra de quando veio ao hospital e conversou comigo há vinte e cinco anos atrás?", perguntou.

"Claro que me lembro", respondi.

"Eu também me lembro, ele me disse. "Lembro-me daquele dia o mais claramente possível. Eu não era capaz de responder a você, porém ouvi cada palavra que você disse. Naquele dia me tornei uma pessoa crente". E contou-me como a sua fé havia imfluenciado outras pessoas na comunidade. Foi uma fase muito especial.

No outro dia, fui à igreja bem cedo para cumprimentar as pessoas assim que elas chegassem. Foi maravilhoso encontrar tantas pessoas e ser capaz de cumprimentá-las pelos seus nomes. Preguei-lhes uma mensagem de afirmação. Mesmo tendo elas feito algumas coisas maravilhosas desde que as vi pela última vez, disse-lhes que podia enxergar que o maior potencial delas estava nos próximos vinte e cinco anos. Seus melhores dias ainda estavam por vir. E quando as deixei, senti-me como se tivesse não apenas renovado algumas velhas relações, mas também como se feito muitos novos amigos.

O tempo que John passou com as pessoas em Hillham foi breve, mas durante aquele curto período, ele foi capaz de fazer algo importante para elas e também para ele. Ele foi capaz de ligar-se a elas.

Ligar-se A Outras Pessoas as Habilita a Viajar a um Nível mais Alto

A conecção com as pessoas é uma parte muito importante quando alguém as ajuda como mentor. E é absolutamente crítica para aqueles que querem influenciar pessoas de maneira positiva. Quando se navega pelas outras pessoas, caminha-se paralelamente a elas, e viaja-se por sua estrada por determinado tempo, ajudando-as a lidar com alguns obstáculos e dificuldades de suas vidas. Porém, quando você se liga a elas, está pedindo que venham com você e viagem pelo seu caminho, para benefício mútuo, seu e delas.

Quando pensamos em ligarmo-nos às pessoas, comparamos este processo com trens, e o que acontece com eles em um pátio de trens. Os carros que estão nos trilhos têm uma série de recursos a seu favor. Possuem valor, pois estão carregados de mercadorias; possuem um destino; e possuem ainda uma rota para atingir este destino. Contudo, não têm uma maneira de ir a parte alguma por si mesmos. Para fazerem algo de valor, deverão estar ligados a uma locomotiva.

Você já esteve em um pátio de trens e observou como peças e equipamentos desconectados e não relacionados entre si, unem-se para formar um trem pronto para o trabalho? É um processo. Tudo começa com a locomotiva. Primeiramente ela passa para a mesma pista onde os vagões se ligarão a ela. Então ela se move até o lugar aonde está o vagão, encosta-se nele, toma contato com ele, e se liga. Quando todos estão conectados juntos, movem-se em direção a seu destino.

É necessário que algo semelhante aconteça antes que se possa levar consigo pessoas para uma jornada. É preciso descobrir onde as pessoas estão, mover-se em direção a elas para fazer contato, e ligar-se a elas. Se puder fazer isso de maneira bem sucedida, você poderá levá-las a novos e mais altos níveis em seu relacionamento e no desenvolvimento. Lembre-se que a estrada para o próximo nível será sempre montanha acima, e as pessoas precisam de ajuda para subir a este nível mais alto.

Nove Passos para Ligar-se às Pessoas

Felizmente não é necessário ser um engenheiro para ligar-se às pessoas, mas, para que a conexão aconteça é necessário esforço. São necessárias habilidades de comunicação, um desejo de ajudar as pessoas a crescer e mudar, e um sentimento de missão pessoal ou propósito – finalmente, é necessário saber para aonde se está indo para poder levar outros consigo.

Veja os seguintes passos e utilize-os para ligar-se às pessoas que estiver influenciando:

1. Não tenha como certo que as pessoas estão com você

Não é possível ligar-se às pessoas e liderá-las sem valorizálas. Os líderes fracos algumas vezes tornam-se tão prisioneiros da visão de aonde querem chegar que se esquecem das pessoas que estão tentando liderar. Porém quando se der como certo que as pessoas estão com você por qualquer período de tempo, sua liderança começará a declinar, e não será capaz de ligar-se a elas.

Uma estória maravilhosa do ex-porta-voz da Casa Branca, Tip O'Neill, revela o que pode acontecer quando toma como certo que as pessoas estão com você. Ele conta que em um dia de eleição, uma vizinha de idade avançada dirigiu-se a ele após a votação e disse: "Tip, votei em você hoje, mesmo sem me pedir".

O'Neill ficou surpreso. "Senhora O'Brien", disse, "Nos conhecemos durante toda a minha vida. Levei o seu lixo para fora, cortei a grama de seu jardim e retirei a neve para a senhora. Não pensei que tivesse que pedir".

"Tip", disse em tom maternal, "É sempre agradável ouvir alguém pedir algo a você". O'Neill disse que nunca mais se esqueceu daquele conselho.

Valorizar as pessoas é o primeiro passo no processo de ligação, e tem ainda benefícios adicionais. Quando se permite que as pessoas saibam que não estão sendo consideradas como certas antes de serem consultadas, elas se voltam e fazem o mesmo por você. John se lembrou disto através de seu amigo e colega Dan Reiland. John contará a estória:

> **Margaret e eu passamos um longo final de semana com Dan e sua esposa, Patti, não faz muito tempo. Dan trabalhou comigo por quinze anos, primeiramente como pastor auxiliar na igreja Skyline Church onde eu**

era o pastor-presidente, e atualmente como vice-presidente em nossa empresa, INJOY. Passamos o final de semana em um hotel em Laguna Beach. Foi fantástico. Desfrutamos a piscina e o spa, saboreamos deliciosas refeições e passamos juntos maravilhosos momentos.

Quando Margaret e eu estávamos deixando o hotel, fui à recepção para pagar a conta e descobri que Dan já havia se encarregado de tudo. Mais tarde, conversando, disse-lhe: "Dan, você não precisava fazer aquilo. Eu gostaria de agradar a você e a Patti".

"Não, John", disse Dan, "É um prazer para nós. Você tem feito tanto por nós; nunca quero considerar nossa amizade como garantida".

Um amigo de John, o técnico Bill McCartney, ex-técnico chefe do time de futebol "Colorado State Buffaloes", disse: "Todas as vezes que você desmerece as pessoas, está questionando Deus por tê-las criado". Não se pode falar às pessoas tão freqüentemente, com tão alta voz ou tão publicamente o quanto as amamos.

Não é possível ligar-se às pessoas e liderá-las sem valorizá-las.

2. Esteja mentalmente disposto a fazer a diferença

Se deseja realizar algo grande, e realmente quer ver isso acontecer, é necessário ter uma atitude que o leve a fazer a diferença. Cada vez que acreditar que não é capaz de fazer a diferença, não fará.

Como cultivar uma sólida disposição mental para fazer a diferença?

Creia que pode fazer a diferença. Cada pessoa nesta terra – inclusive você – possui o potencial necessário para fazer a diferença. Contudo, somente será capaz de fazê-lo se acreditar em si mesmo, e estiver disposto a dar de si mesmo para as outras pessoas. Como Helen Keller disse: "A vida é algo excitante, e torna-se ainda mais excitante quando vivida para outras pessoas". Não é possível ser capaz de ajudar a todas as pessoas, mas é possível certamente ajudar alguém.

Creia que aquilo que você compartilha pode fazer a diferença. Nós dois passamos uma grande parte de nossa vida ligando-nos e comunicando-nos com outras pessoas. Nós dois influenciamos anualmente mais de um milhão de pessoas. Se acreditássemos que aquilo que compartilhamos com os outros não pudesse fazer a diferença, pararíamos amanhã mesmo. Porém,temos ciência que podemos ajudar outras pessoas a mudar suas vidas. Acreditamos que todas as coisas podem progredir ou fracassar, dependendo da liderança. Estamos certos de que as atitudes das pessoas são capazes de edificá-las ou destruí-las. E nós sabemos que sem fé não existe alegria, paz ou significado na vida. É necessário acreditar que aquilo que se tem para oferecer a outras pessoas é capaz de fazer a diferença na vida delas. Ninguém está disposto a seguir uma pessoa sem convicção. Se você não acreditar, outras pessoas também não acreditarão.

Creia que a pessoa com quem está compartilhando é capaz de fazer a diferença. Nós lemos sobre algo conhecido como regra da reciprocidade no comportamento humano. Ela diz que com o passar do tempo, as pessoas passam a compartilhar atitudes similares, umas para com as outras. Em outras palavras, se nós tivermos um conceito elevado sobre você e continuarmos mantendo esse conceito, eventualmente, você passará a sentir o mesmo por nós. Esse processo constrói uma ligação entre nós, e abre o caminho para uma poderosa parceria.

Creia que juntos poderão fazer uma grande diferença. Madre Tereza é o exemplo vivo da verdade que uma vez ela mesma expressou: "Eu sou capaz de fazer coisas que você não pode fazer, e você é capaz de fazer coisas que não posso fazer. Juntos podemos fazer grandes coisas". Ninguém é capaz de atingir sozinho os resultados que poderia atingir trabalhando em parceria com outras pessoas. E qualquer pessoa que não reconhece isso, encurta incrivelmente o seu potencial. Existe uma estória sobre um famoso organista que viveu nos anos de 1800 que ilustra a importância de se reconhecer parcerias valiosas. O músico viajou de cidade em cidade realizando concertos. Em cada cidade ele contratava um menino para bombear o órgão durante o concerto. Após uma determinada apresentação, ele não conseguiu livrar-se de um menino. Ele até mesmo seguiu o organista quando voltava para o hotel.

"Com toda certeza fizemos um grande concerto esta noite, não?", disse o menino.

"O que quer dizer com nós". disse o músico. "Eu tive um grande concerto. Agora porque não vai para casa?"

Na noite seguinte quando o organista estava em meio a uma magnifica passagem, o órgão repentinamente parou. O organista ficou estupefato. Então de repente, o menino colocando sua cabeça na lateral do órgão, e com um largo sorriso disse: "Não estamos tendo um concerto muito bom esta noite, estamos?"

Se quer ligar-se a pessoas e levá-las consigo a um nível mais alto, entenda a diferença que poderão fazer como um time, e reconheça-a a cada oportunidade.

3. Tome a iniciativa de aproximar-se das pessoas

De acordo com Tom Peters e Nancy Austin, "O problema gerencial número um em termos de produtividade na América é, de forma muito simples, gerentes que estão fora de contato com seu pessoal, e fora de contato com seus clientes".[1] A falta de contato e comunicação é um problema que afeta muitas pessoas, não só os gerentes nas organizações. Talvez por essa razão, o especialista em vendas, Charles B. Ruth diga: "Existem muitos casos de vendedores que não têm nada a oferecer a um cliente potencial, exceto amizade, enquanto outros vendedores têm tudo a oferecer – exceto amizade".[2]

Acreditamos que existam muitas razões pelas quais as pessoas não se ligam mais umas as outras. Uma primeira razão, especialmente dentro das organizações, é que muitos líderes acreditam que é responsabilidade de seus liderados iniciar o contato com eles. Porém, o oposto é verdadeiro. Para serem eficazes, os líderes devem iniciar os processos. Se não procurarem seu pessoal, reunirem-se onde estiverem, e iniciarem a ligação, então durante 80 por cento do tempo nenhuma conecção será feita.

4. Procure uma base comum

Sempre que quiser ligar-se a outra pessoa, comece por onde ambos concordam. Isso significa encontrar uma base comum. Se você tiver desenvolvido uma boa habilidade para ouvir as pessoas, como comentamos no Capítulo 4, provavelmente estará capacitado a detectar áreas em que vocês possuem experiências ou visões comuns. Falem sobre seus hobbies, onde já moraram, sobre seus trabalhos, esportes ou crianças. O que estão discutindo não é tão importante quanto a atitude de vocês. Seja positivo, tentando enxergar as coisas do ponto de vista da outra pessoa. Ser aberto e agradável vale a metade da batalha. Como algumas vezes se diz: "Sendo todas as condições iguais, as pessoas farão negócios com quem gostarem. Se todas as condições não forem iguais, elas ainda farão".

Algumas vezes, mesmo encontrando uma base comum, pode-se enfrentar obstáculos no processo de comunicação. Caso detecte que as pessoas com quem você está procurando um contato, estão se sentindo inseguras sobre sua aproximação, tente encontrá-las através de uma base emocional comum. Uma maneira excelente de fazer isso é usar algo que chamamos sentir, sentiu, encontrado, que ajudará as pessoas a relacionarem-se com você. Primeiramente, tente compreender o que as pessoas sentem, reconheça e valide estes sentimentos. Se você já teve sentimentos semelhantes no passado, então compartilhe com elas como se sentiu da mesma maneira antes. Finalmente, compartilhe com elas o que encontrou e que lhe ajudou a trabalhar com seus sentimentos.

A partir do momento que "procurar uma base comum com as outras pessoas" for para você uma prática regular, verá que é capaz de conversar com praticamente todas as pessoas, e encontrá-las onde quer que estejam. Quando for capaz de fazer isso, poderá estabelecer a ligação.

5. Reconheça e respeite diferenças de personalidade

Somos capazes de encontrar uma base comum com outras pessoas, porém, ao mesmo tempo, precisamos reconhecer que somos todos pessoas diferentes umas das outras. Essa é uma das maiores alegrias da vida, embora nem sempre vejamos dessa maneira. Uma excelente ferramenta para compreender as outras pessoas é o livro *Personality Plus* de Florence Littauer, amiga de John. Nesse livro ela descreve quatro tipos básicos de personalidade:

- ***Sangüíneo:*** Deseja divertir-se; é expansivo e voltado a relacionar-se com as pessoas: é esperto, uma pessoal fácil de se lidar, popular, artístico, emocional, sincero e otimista.
- ***Melancólico:*** Busca a perfeição; é introvertido, voltado a desempenhar tarefas, artístico, emocional, voltado a cumprir metas, organizado e pessimista.
- ***Fleumático:*** Deseja a paz; é introvertido, não emocional, é determinado, voltado a relacionar-se com as pessoas, pessimista e suas atitude são dirigidas a cumprir propósitos.
- ***Colérico:*** Deseja poder ou controle; é determinado, decidido, voltado a cumprir metas, organizado, não emocional, é expansivo, sincero e otimista.[3]

As pessoas a quem você procurará ligar-se praticamente cairão em uma destas categorias (ou terão exemplo de duas categorias complementares). Por exemplo, John é um clássico colérico-sangüíneo. Ele ama divertir-se, tem facilidade para decidir e naturalmente toma para si a responsabilidade em praticamente todas as situações. Jim, por outro lado, é melancólico-fleumático. É um pensador analítico, não dirigido por emoções, e geralmente mantém sua própria opinião.

À medida que estabelecer conecções com outras pessoas, reconheça e respeite suas diferenças em termos de motivação. Com coléricos, faça a ligação mostrando firmeza. Com melancólicos, faça a ligação através de foco. Com fleumáticos a ligação deve ser feita transmitindo segurança, e com sangüíneos a ligação deve ser feita através da empolgação. O dramaturgo John Luther entendeu esse ponto: "O talento natural, a inteligência, uma maravilhosa formação – nada disto garante sucesso. É necessário algo mais: A sensibilidade para compreender o que as outras pessoas desejam e a disposição de dar isso a elas". Preste atenção à personalidade das pessoas, e faça o melhor de si mesmo para ir a seu encontro da maneira que são. Elas apreciarão sua sensibilidade e compreensão.

6. *Encontre a chave para a vida de outras pessoas*

O industrial Andrew Carnegie tinha uma fantástica habilidade para compreender as pessoas e aquilo que era importante para elas. Conta-se que quando ele era menino, na Escócia, tinha um coelho e uma ninhada de coelhinhos. Para alimentá-los, Carnegie pedia aos meninos da vizinhança que trouxessem verduras e grãos. Em recompensa, cada garoto tinha o direito de escolher o nome de um coelho.

Carnegie fez algo semelhante quando adulto que mostrou seu entendimento sobre as pessoas. Porque queria vender seu aço para a ferrovia "Pennsylvania Railroad", quando construiu uma nova fábrica de aço em Pittsburgh, deu a ela o nome de *J. Edgar Thompson Steel Works*, em homenagem ao presidente daquela ferrovia. Thompson sentiu-se tão lisonjeado pela honra que a partir de então comprou todo seu aço de Carnegie.

Você não precisa ser um Carnegie para conseguir ligar-se às pessoas, apenas precisa conhecer o que é importante para elas. Todos os homens e mulheres possuem uma chave para a sua própria vida. Tudo que tem a fazer é encontrá-la. Aqui estão duas pistas para ajudá-lo: Para compreender o raciocínio de uma pessoa, examine aquilo que ela já alcançou. Para compreender o coração de uma pessoa, veja o que ela aspira fazer. Isso o ajudará a encontrar a chave, e assim que o fizer, use-a com integridade. Utilize a chave apenas quando tiver a permissão da pessoa, e mesmo assim apenas para benefício dela, e não seu – para ajudar, não para ferir.

7. *Comunique-se de coração*

A partir do momento em que iniciou uma ligação com outras pessoas, encontrou uma base comum e descobriu o que realmente importa para elas, comunique o que realmente importa para você. Isso requer que fale a elas de coração.

Um jovem recém-formado em psicologia foi convidado a palestrar para um grupo de idosos. Durante quarenta e cinco minutos o jovem lhes falou sobre como viver o crepúsculo da vida de forma bela. Quando terminou o discurso, uma mulher de oitenta anos disse-lhe em particular: "Seu vocabulário e pronúncia foram excelentes, porém sinto a obrigação de dizer-lhe algo que entenderá quando tornar-se mais velho, você não sabe do que está falando!"

Ser genuíno é o fator mais importante quando alguém se comunica com outra pessoa, seja de maneira particular ou diante de um grande auditório. Nenhuma quantidade de conhecimento, técnica ou presença de espírito é capaz de substituir a honestidade e o genuíno desejo de ajudar outras pessoas.

Abraham Lincoln era bem conhecido por comunicar-se bem com as outras pessoas, e no âmago desta capacidade estava a habilidade de falar de coração. Em 1842, Lincoln fez um discurso aos membros de uma associação chamada "Washington Temperance Society". Durante seu discurso entitulado *Caridade na Reforma Moderada*, fez a seguinte observação: "Se quiser ganhar outra pessoa que abrace a mesma causa, primeiro convença-a de que você é seu amigo sincero... Se admitir ditar os assuntos para julgamento da pessoa, ou comandar sua ação, ou marcá-la de forma que seja evitada e desprezada, ela retrocederá ... Você nunca mais alcançará esta pessoa, da mesma maneira que não será capaz de penetrar o duro casco de uma tartaruga com uma palha de centeio".[4]

Quando comunicar-se com outra pessoa visando estabelecer ligações, compartilhe de coração e seja autêntico.

8. Compartilhe experiências comuns

Para realmente ligar-se a outras pessoas, é necessário mais do que encontrar uma base comum e comunicar-se bem. É necessário encontrar uma maneira de cimentar o relacionamento. Joseph F. Newton disse: "As pessoas são solitárias porque constroem paredes ao invés de pontes". Para construir pontes que liguem as pessoas de maneira duradoura, deve-se compartilhar com elas experiências comuns.

Ninguém é capaz de sozinho atingir os resultados que poderia atingir trabalhando em parceria com outras pessoas.

Nós dois temos desfrutado o prazer de compartilhar experiências com outras pessoas durante anos. Por exemplo, quando John contrata um novo membro de seu comitê executivo, costuma levar essa pessoa consigo a várias de suas conferências. Ele o faz não somente por desejar que o novo membro conheça os serviços que a empresa oferece a seus clientes, mas também pela oportunidade de viajarem juntos e conhecerem-se melhor. Nada é capaz de unir mais as pessoas no trabalho do que precisar correr — em meio a um congestionamento — em uma cidade desconhecida para chegar a um aeroporto, e então disparar com suas malas pela área de embarque, para lançar-se dentro de um avião no último momento antes da partida!

As experiências comuns a compartilhar com as pessoas não precisam ser tão dramáticas (embora a adversidade, sem dúvida, aproxime-as). Compartilhe refeições, vá assistir uma disputa esportiva com alguém. Leve-as consigo quando for a algum lugar, ou a alguma visita. Qualquer experiência que tenham juntos e que crie uma história ajudará a ligá-lo a outras pessoas.

Uma maravilhosa estória sobre ligação vem da carreira de Jackie Robinson, o primeiro jogador afro-americano na liga maior do baseball. Robinson enfrentou zombaria, ameaças de morte e abuso em praticamente todos os estádios que visitou enquanto quebrava as barreiras raciais do baseball. Um dia, no estádio de seu próprio time, no Brooklyn, cometeu um erro, e imediatamente seus próprios fãs começaram a ridicularizá-lo. Ficou na segunda base, humilhado, enquanto os fãs zombavam. Então o jogador Pee Wee Reese aproximou-se e ficou de pé ao seu lado. Colocou seu braço em volta de Robinson e encarou a multidão. Os fãs emudeceram. Dizem que mais tarde Robinson declarou que o braço de Reese em torno de seus ombros salvou sua carreira.

Procure maneiras de construir pontes com as pessoas dentro de sua área de influência, especialmente durante ocasiões em que elas experimentarem adversidades. As ligações que fizer fortalecerão incrivelmente seus relacionamentos e prepararão vocês para a jornada que poderão ter juntos.

9. Uma vez ligados, movam-se adiante

Se deseja influenciar outras pessoas, fazendo com que se movam na direção correta, deve obrigatoriamente ligar-se a elas antes de tentar levá-las a qualquer parte. Tentar fazê-lo antes de conseguir uma ligação adequada é um erro comum dos líderes inexperientes. Tentar fazer as pessoas se moverem antes de passar pelo processo de ligação com elas, pode levar à desconfiança, resistência e relacionamentos tensos. Lembre-se sempre que é necessário compartilhar coisas sobre si mesmo antes de compartilharem a jornada. Como alguém uma vez observou: "Liderança é cultivar em pessoas hoje, uma futura disposição delas a seguir-lhe em algo novo, por amor a alguma coisa grande". O processo de ligação cria essa disposição.

Um desafio para qualquer influenciador é ligar-se a pessoas de outra cultura. Jim tem tido muita experiência nessa área, pois tem trabalhado com pessoas em vinte e seis países. Ele achou particularmente interessante trabalhar com pessoas de países do bloco oriental anteriormente controlados pela União Soviética:

> Quando começamos a trabalhar com pessoas na Europa Oriental, foi realmente uma experiência única. Havíamos experimentado muito pouca exposição à sua cultura e valores, e percebemos que coisas que aceitamos em nosso cotidiano de negócios eram estranhas a pessoas que tinham suportado cinqüenta anos de regras comunistas.
>
> A maioria das pessoas na América foi criada de acordo com os valores morais e éticos judaico-cristãos. Sempre os damos como certos, com os benefícios de empresas livres e capitalismo. Nossos novos amigos em países como Polônia, Hungria e República Checa, contudo, estavam acostumados a sobreviver em um mundo corrupto de governo opressor, propaganda e ensino pouco ou nada ético, como sabemos. O ambiente deles os levou a acreditar que o sucesso está ao alcance apenas daqueles que trabalham em torno das regras, e golpeiam os traidores dentro de seu próprio jogo. Encontramos que muitas pessoas abraçaram uma disposição mental de ser bem sucedidas a qualquer custo, e em sua maioria orgulhosas da maneira inteligente como puderam quebrar as regras. Acreditamos que era importante mostrar a estas pessoas maravilhosas que o real sucesso somente é possível quando uma pessoa se comporta de maneira ética, e permanece nos princípios de integridade e confiança. Parecia uma grande tarefa, mas as pessoas eram espertas, e estávamos trabalhando com alguns grandes jovens profissionais

famintos por aprender os segredos do verdadeiro sucesso.

Iniciamos o processo fazendo todo o possível para ligarmo-nos às pessoas que viviam nestes países. De alguma maneira, esse foi um de nossos maiores desafios como influenciadores. Contudo, fomos capazes de encontrar algumas poucas pessoas-chave, e caminhamos com elas como amigos e mentores. Começamos a navegar com elas através desse novo paradigma de viver de maneira ética e fazer negócios centrados em princípios. E investimos muito tempo em conhecê-las melhor e ligarmo-nos a elas nesta jornada compensadora. Nosso objetivo era dar-lhes ferramentas para que pudessem influenciar positivamente as pessoas em seu país,

Essa ainda é uma jornada em andamento para nós. Entretanto, se estamos trabalhando com pessoas na Europa Oriental, ou na China ou em qualquer outra parte do mundo, reconhecemos que as pessoas são basicamente as mesmas. Todas desejam ser bem sucedidas e felizes e são ávidas para aprender com outras que já estejam mais adiantadas em relação a elas. Porém ninguém pode causar um impacto significativo na vida das pessoas até que se tenha ligado pessoalmente a elas. Apenas a partir de então é possível levá-las a uma jornada e realmente fazer a diferença.

Jim e Nancy estão causando um impacto que vem sendo sentido ao redor do mundo. Eles compreendem que a influência significa relacionar-se com as pessoas, elevá-las, e então fazê-las livres para que se reproduzam na vida de outras pessoas. O trabalho de ligação é um passo fundamental nesse processo. Todavia, antes que as pessoas possam atingir o nível mais alto e reproduzir sua influência em outras pessoas, há mais um passo a dar: elas precisam adquirir poder e autoridade. Esse é o assunto do próximo capítulo.

Checklist de Influência

LIGANDO-SE ÀS OUTRAS PESSOAS

- ❑ **Meça seu atual nível de ligação.** Quão forte é a sua ligação com as pessoas cuja vida está influenciando? Você conhece a chave da vida de cada pessoa? Já estabeleceu uma base comum? Existem experiências comuns que os unem? Se sua ligação não é tão forte como poderia ser, lembre-se que faz parte de seu papel ser o iniciador. Agende tempo na próxima semana para tomar um café, compartilhar uma refeição ou apenas conversar com cada pessoa.

- ❑ **Estabeleça a ligação em um nível mais profundo.** Se você nunca passou nenhum período de tempo significativo com as pessoas mais importantes para você em um ambiente além do profissional, agende tempo para fazer isso no próximo mês. Planeje algo retirado, como por exemplo uma viagem em um final de semana, e inclua seus cônjuges. Ou ainda leve-os a um seminário ou a uma conferência. O principal objetivo é dar a si mesmos a oportunidade de ligarem-se a um nível mais profundo e compartilhar experiências comuns.

- ❑ **Comunique a sua visão.** Uma vez que você já tenha construído uma forte ligação com as pessoas que escolheu, compartilhe suas esperanças e sonhos. Lance uma visão em comum para seu futuro, e convide-as a juntar-se a você na jornada.

9

Uma pessoa de influência ...

Dá Poder e Autoridade às Pessoas

Grande parte do trabalho de Jim inclui reuniões freqüentes com alguns de seus líderes-chave, e como eles vêm de vários pontos do país e também de todas as partes do mundo, ele estabelece como objetivo agendar reuniões em várias localidades. Um dos lugares que tem se tornado favorito dele e de Nancy, durante os últimos anos, é Deer Valley, próximo a Salt Lake City, no estado de Utah. Recentemente, quando estavam ali com alguns de seus líderes, algo interessante aconteceu. Jim contará a estória:

Deer Valley é realmente uma bela paisagem. Durante o inverno é ótima para esquiar, e no verão tem belas montanhas, florestas e prados repletos de coloridas flores silvestres. Realmente gostamos de passar férias ali, e também a utilizamos como um lugar para reunirmonos com algumas pessoas que trabalham conosco.

No ano passado estivemos hospedados em alguns apartamentos em Deer Valley, com um grupo de dez casais, bem próximos à rampa da estação de esqui. Todos passamos momentos maravilhosos ali.

Quando estávamos prontos para partir, embalamos nossos pertences e nos movemos para o escritório de locações afim de pagar a conta e ir para o aeroporto. Contudo, enquanto aguardávamos a conta soubemos que um dos casais que fazia parte de nosso grupo tinha deixado inadvertidamente a chave dentro de seu apartamento.

"Serei obrigado a cobrar 25 dólares pela chave perdida", disse o funcionário da recepção. Tenho que admitir que fiquei um tanto surpreso. Éramos seus clientes há oito anos, e havíamos gasto milhares de dólares com eles na semana anterior. "Veja", eu disse, "Aprecio que tenham uma política sobre chaves perdidas, porém a chave está dentro do quarto. E se voltarmos para buscá-la, perderemos nosso vôo. Poderia não cobrar?"

"Não", ele disse. "A regra é que devo adicionar esta taxa à sua conta". Mesmo quando lembrei a ele nosso histórico com sua empresa, e lhe disse que não me sentia bem por ser cobrada esta taxa extra, ele não se importou. De fato, tornou-se mais rígido e fiquei irritado. Enquanto estava ali em pé esperando, pensei em quanto gastamos lá durante os anos em fomos clientes, e me dei conta que aquele funcionário estava arriscando perder um cliente, com um histórico de 100 mil dólares por uma chave de 25 dólares!

Finalmente pagamos a taxa e fomos embora. A caminho do aeroporto, Nancy e eu conversamos sobre o incidente, e concluí que a falha não estava no funcionário da recepção. O problema estava no dono do negócio, que não lhe deu o devido treinamento.

"Este tipo de coisa me deixa louca", disse Nancy. "Algumas pessoas não são capazes de entender. Sabe quem é o oposto disto?", ela perguntou. "O pessoal da Nordstrom. Eles são incríveis. Não contei a você o que aconteceu na véspera de nossa viagem para Deer Valley. Fui até a Nordstrom para comprar pijamas para Eric. Escolhi alguns que sabia que lhe agradariam e disse à vendedora que precisava que as bainhas das calças fossem feitas e que estaríamos partindo na manhã do dia seguinte. Ela não hesitou em oferecer que elas fossem feitas naquela noite e levadas para nós em casa".

"E isto foi a única coisa que comprei!", completou Nancy, "Não foi algo em que gastei muito dinheiro. A vendedora fez isto por apenas alguns pijamas".

Estórias sobre o excelente serviço prestado pelas lojas de departamento da Nordstrom tornaram-se legendárias. Qualquer pessoa que faz compras ali pode atestar isto. Seus funcionários são excepcionais, pois a companhia foi construída sob o princípio de lhes fornecer autoridade e poder, o "empowerment". A filosofia de fornecer aos funcionários autoridade e poder está inserida na seguinte breve declaração que cada funcionário recebe quando ele ou ela começam a trabalhar na companhia:

Nota do Tradutor: Foi mantido o termo "empowerment" por ser amplamente conhecido e utilizado nos ambientes empresarial e de negócios.

Bem vindo à Nordstrom
Estamos felizes por tê-lo em nossa empresa.
Nossa meta número um é oferecer um
excelente serviço ao cliente.
Coloque suas metas pessoais e profissionais
no mais alto nível.
Temos grande confiança em sua habilidade
para atingí-las.
Regras da Nordstrom:
Regra número 1: Use seu bom senso
em todas as situações.
Não há outras regras.
Por favor sinta-se à vontade para perguntar
ao gerente de seu departamento,
ou ao gerente da loja, ou ao gerente geral da divisão,
sobre qualquer questão a qualquer momento.[1]

As lojas Nordstrom dão ênfase a pessoas, não a procedimentos. Acreditam em seus funcionários, oferecem encorajamento para que atinjam a excelência, e os deixam livres para fazê-lo. Como Tom Peters disse: "As técnicas não fazem produtos de qualidade ou retiram o lixo na hora certa; as pessoas o fazem, as pessoas que se importam, as pessoas que forem tratadas como adultos criativos capazes de contribuir". Os gerentes e sua equipe de funcionários naquele escritório de locações em Deer Valley seriam grandemente beneficiados se aprendessem esta lição.

O que Significa Dar às Pessoas Autoridade e Poder

Um artista inglês chamado William Wolcott foi a Nova York em 1924, para registrar suas impressões sobre aquela cidade fascinante. Certa manhã, ele estava visitando o escritório de um ex-colega, quando, de repente, sentiu um forte desejo de esboçar algo. Vendo alguns papéis sobre a mesa do amigo, perguntou: "Posso usar estes papéis?"

O ato de dar autoridade e poder às pessoas transforma vidas, e é uma situação ganha – ganha, para quem dá e para quem recebe.

O amigo respondeu: "Esses papéis não são para rascunho, são apenas papéis de embrulho, comuns".

Sem querer perder aquele lampejo de inspiração, Wolcott pegou o papel de embrulho e disse: "Nada é comum se souber como usá-lo". Naqueles papéis comuns Wolcott fez dois esboços. Mais tarde, no mesmo dia, um daqueles esboços foi vendido por quinhentos e o outro por mil dólares, uma soma de dinheiro realmente alta para o ano de 1924.

Pessoas sob a influência de alguém que lhes dê autoridade e poder, são como papel nas mãos de um artista de talento. Não importa do que sejam feitas, são capazes de tornarem em tesouros.

A habilidade de dar a outras pessoas autoridade e poder é uma das chaves para o sucesso pessoal e profissional. John Craig observou: "Não importa a quantidade de trabalho que se possa fazer, nem o quão comprometida seja a sua personalidade; não será capaz de avançar muito nos negócios se não puder trabalhar através das pessoas". O executivo da área de negócios, J. Paul Getty, assertivamente observou: "Não faz muita diferença quanto conhecimento ou experiências um executivo possa ter em outras áreas; se não for capaz de atingir resultados através das pessoas, terá pouco valor como executivo".

Quando se está dando às pessoas autoridade e poder, não se está apenas influenciando a essas pessoas, mas também a todas as pessoas que elas influenciam.

Quando uma pessoa se torna alguém que dá autoridade e poder a outras, trabalha com e através das pessoas, realiza muito mais. Ela capacita outras a alcançar o mais alto nível de desenvolvimento de seu potencial no campo pessoal e profissional. Definindo de forma simples, dar poder e autoridade, o "empowerment", é dar sua influência a outras pessoas com a finalidade de promover o crescimento pessoal e organizacional. É compartilhar de si mesmo – sua influência, posição, poder e oportunidades – com outras pessoas, com o propósito de investir na vida delas, para que possam fazer o melhor de si mesmas. Isso é alcançado enxergando o potencial das pessoas, compartilhando recursos com elas e mostrando que se acredita completamente nelas.

Talvez você já esteja, sem saber, trabalhando no processo de dar autoridade e poder a alguém. Quando você encarrega, com confiança, seu cônjuge de uma decisão importante e então o apóia de forma encorajadora, está realizando o processo. Quando decide que um filho ou filha já é capaz de atravessar a rua sozinha e lhe dá sua permissão para fazê-lo, também está realizando o processo. Quando delega a um funcionário uma tarefa desafiadora e lhe dá a autoridade que necessita para fazê-la com êxito, você terá feito com ele o processo de dar autoridade e poder.

O ato de dar autoridade e poder às pessoas transforma vidas, e é uma situação ganha – ganha, para quem dá e para quem recebe. Dar de sua autoridade a outras pessoas não é como dar um objeto, como seu carro, por exemplo. Se der seu carro a alguém terá problemas, pois não terá mais o seu meio de transporte. Porém, o processo de dar poder e autoridade tem o mesmo efeito de compartilhar informações: não se perde nada. Terá aumentado a habilidade de outras pessoas sem diminuir a sua.

Qualificações de uma Pessoa que Dá Autoridade e Poder à Outras Pessoas

Praticamente todas as pessoas possuem o potencial necessário para dar autoridade e poder a outras,mas nem todas as pessoas podem recebê-los. O processo somente funciona quando algumas condições são satisfeitas. Você deverá ter:

Posição

Não se pode conduzir um processo de "empowerment" com pessoas que não estejam sob o seu comando. O especialista em liderança, Fred Smith, explicou: "Quem é capaz de dar permissão a outra pessoa para que esta seja bem sucedida?" Uma pessoa revestida de autoridade. Outras pessoas poderão dar encorajamento, mas a permissão vem somente de uma figura de autoridade: de um dos pais, do chefe ou do pastor".

É possível motivar todas as pessoas que encontramos. Pode se ajudá-las a crescer ou ainda ajudá-las a navegar desde que se tenha construído com elas um relacionamento como mentor. Para dar autoridade e poder às pessoas é necessário estar em uma posição de autoridade sobre elas. Algumas vezes essa posição não precisa necessariamente ser formal ou oficial, mas em outras, sim. Por exemplo, se fossemos um dia almoçar juntos em um restaurante, e não ficássemos satisfeitos pelo tempo que a refeição estivesse demorando, não poderíamos dar a você autoridade e poder para ir até a cozinha para consertar a situação para nós.

Nós não temos esta autoridade, e por isso não poderíamos dá-la a você. O primeiro requisito no processo é ter uma posição de autoridade sobre as pessoas a quem se deseja dar autoridade e poder.

Relacionamento

O segundo requisito no processo é ter um relacionamento com as pessoas a quem se deseja dar autoridade e poder. Um escritor do século dezenove, Thomas Carlyle disse: "O grande homem compartilha a sua grandeza através da maneira como trata pessoas de nível inferior ao seu". Embora as pessoas com quem você está trabalhando nesse processo não sejam "pequenas", poderão sentir-se desse modo se você não valorizar seu relacionamento com elas. Costuma-se dizer que os relacionamentos progridem através de trabalho e esforço: não são simplesmente formados. Requerem tempo e experiência comum. Se você já fez o esforço para ligar-se às pessoas, conforme falamos no capítulo anterior, quando se julgar pronto para iniciar o processo de dar-lhes autoridade e poder, seu relacionamento com elas deverá ser suficientemente sólido para ser capaz de liderá-las. E quando o fizer, lembre-se do que Ralph Waldo Emerson escreveu: "Todo homem [ou mulher] tem o direito de ser valorizado por seus melhores momentos". Quando se valoriza as pessoas e seu relacionamento com elas, está sendo colocado o alicerce para que se possa dar a elas autoridade e poder.

Respeito

O bom relacionamento faz com que as pessoas queiram estar com você, mas o respeito faz com que desejem participar do processo de receber autoridade e poder de você. O respeito mútuo é essencial ao processo. O psiquiatra Ari Kiev resumiu esse tema da seguinte maneira: "Se deseja que outras pessoas o respeitem, deverá mostrar respeito por elas... Todas as pessoas querem sentir que representam algo e são importantes para alguém. Invariavelmente, as pessoas darão seu amor, respeito e atenção à pessoa que atender a esta necessidade. Ter consideração por outras pessoas geralmente reflete confiança em si mesmo e confiança nelas". As pessoas sabem quando alguém se importa, acredita e confia nelas. Esse respeito as inspira a querer seguir a direção dessa pessoa.

Comprometimento

A última qualidade que um líder precisa ter para conduzir o processo de dar autoridade e poder é ser comprometido. Ed McElroy, um executivo da empresa USAir reafirmou que "O comprometimento nos dá um novo poder. Não importa o que nos aconteça – doença, pobreza ou desastre, nunca devemos tirar nossos olhos de nossa meta". O processo de dar autoridade e poder não é sempre fácil especialmente quando feito pela primeira vez. É uma estrada que tem muitos buracos e desvios. Contudo, vale a pena viajar por ela porque as recompensas são grandes. Como foi dito por Edward Deci da University of Rochester: "As pessoas precisam acreditar que uma tarefa é por si mesma compensadora se o seu compromisso para com ela for necessário". Se for necessário um lembrete sobre o valor do processo de "empowerment", lembre-se do seguinte: quando se dá autoridade e poder a outras pessoas, não se está influenciando apenas estas; todas as pessoas que elas influenciam também estarão sendo influenciadas. Isto significa impacto!

Se alguém tem autoridade na vida das pessoas, construiu relacionamentos com elas, as respeita, e se comprometeu com o processo de dar autoridade e poder, está em posição de ter êxito no processo. Porém mais um elemento crucial no processo precisa estar presente: É necessário ter uma atitude correta.

Muitas pessoas negligenciam esse processo porque são inseguras. Têm medo de perder seu trabalho para as pessoas com quem estariam trabalhando como mentoras. Elas não querem ser substituídas ou destituídas, mesmo que isso signifique que seriam capazes de mover-se acima, para uma posição mais alta, e deixar sua atual posição para ser preenchida pela pessoa com quem trabalhariam como mentora. Têm medo de mudanças. Todavia a mudança é parte do processo de dar autoridade e poder – para as pessoas que os recebem e para a pessoa que o dá. Se alguém quiser subir, deverá estar disposto a abrir mão de algumas coisas.

Se você não tem certeza sobre sua posição em termos de atitude em relação às mudanças envolvidas no processo de "empowerment", responda às seguintes questões:

QUESTÕES PARA SEREM RESPONDIDAS ANTES DE COMEÇAR

1. Realmente acredito nas pessoas e sinto que elas são o bem mais valioso de minha organização?
2. Acredito que o processo de dar autoridade e poder a outras pessoas, o "empowerment", é capaz de trazer maiores resultados, do que aqueles que seriam atingidos individualmente?
3. Procuro ativamente líderes potenciais, a quem poderia dar autoridade e poder?
4. Será que eu estaria disposto a elevar outras pessoas a um nível maior do que o meu próprio nível de liderança?
5. Será que eu estaria disposto a investir tempo no desenvolvimento de pessoas que possuem potencial para liderança?
6. Será que eu estaria disposto a permitir que outras pessoas recebam recompensas por aquilo que lhes ensinei?
7. Permito às outras pessoas liberdade de personalidade e processo, ou tenho que estar no controle?
8. Será que eu estaria disposto a dar publicamente, a líderes potenciais, minha autoridade e influência?
9. Será que eu estaria disposto a permitir que outras pessoas me tirassem de um trabalho?
10. Será que eu estaria disposto a passar o bastão da liderança às pessoas a quem dei autoridade e poder, e de maneira verdadeira desejar que criem raízes?

Se sua resposta foi negativa para mais de duas destas questões, precisará de um ajuste em suas atitudes. É necessário acreditar nos outros o suficiente para dar-lhes tudo o que puder, e em si mesmo, o bastante para saber que este processo não o ferirá. Lembre-se de que desde que continue crescendo e se desenvolvendo, sempre terá algo a dar, e não precisará se preocupar com o risco de perder sua posição.

Como Dar à Outras Pessoas Autoridade e Poder para que Alcancem o seu próprio Potencial

Assim que se tem confiança em si mesma e nas pessoas a quem se deseja dar autoridade e poder, uma pessoa estará pronta para iniciar o processo. A meta deverá ser encarregálas de situações relativamente pequenas, tarefas simples no começo, e progressivamente aumentar as responsabilidades e autoridade delas. Quanto mais "verdes" forem as pessoas com quem se está trabalhando, mais tempo levará o processo. Mas não importa se estiver tratando de recrutas crus ou de veteranos experientes, continua sendo importante conduzi-los pelo processo completo. Utilize os seguintes passos para dirigi-lo à medida que der a outras pessoas autoridade e poder:

1. Avalie as pessoas

O ponto inicial nesse processo é avaliar as pessoas. Se der a pessoas inexperientes bastante autoridade muito cedo, poderá destiná-las ao fracasso. Se mover-se devagar demais com pessoas muito experientes, poderá frustá-las e desmoralizá-las.

Algumas vezes, quando líderes cometem erros ao julgar a capacidade de outras pessoas, os resultados poderão ser cômicos. Por exemplo, nós lemos sobre um incidente que aconteceu na vida de Albert Einstein que ilustra esse ponto. Em 1898, Einstein se candidatou a uma vaga na escola Munich Technical Institute, e foi rejeitado porque "nunca alcançaria resultados muito importantes". Como resultado, ao invés de ir à escola, trabalhou como inspetor no escritório de patentes da Suíça, Swiss Patent Office, em Berna, e com o tempo livre de que dispunha, trabalhou refinando e escrevendo sua teoria da relatividade.

Lembre-se de que todas as pessoas possuem o potencial necessário para serem bem sucedidas. O seu trabalho é enxergar esse potencial, descobrir o que elas precisam para desenvolvê-lo e equipá-las com aquilo que necessitam. Quando avaliar as pessoas a quem pretende dar autoridade e poder, olhe para as seguintes áreas:

- **Conhecimento.** Pense o que as pessoas precisam conhecer para desempenhar as tarefas que lhe der. Não tenha como certo que elas sabem tudo o que você sabe. Faça perguntas. Forneça a elas históricos ou informações básicas. Lance para elas uma visão, dando-lhes uma idéia panorâmica de como suas ações se combinam com a missão e objetivos da organização. O conhecimento não consiste apenas em ter poder; mas também em dar autoridade e poder às outras pessoas.
- **Habilidade.** Examine o nível de capacitação das pessoas. Nada é mais frustrante do que ser solicitado a fazer coisas para as quais não se tem a habilidade necessária. Olhe para o que as pessoas fizeram no passado e o que estão fazendo agora. Algumas habilidades são inerentes. Outras precisam ser aprendidas através de treinamento e experiência. O seu trabalho é determinar o que o trabalho requer, e assegurar que as pessoas com quem está trabalhando tenham o necessário para serem bem-sucedidas.
- **Desejo.** O filósofo grego Plutarco comentou: "O solo mais rico, se não for cultivado, produzirá uma enorme quantidade de ervas daninhas". Nenhum conjunto de habilidades, conhecimentos ou potencial é capaz de ajudar pessoas a terem sucesso, se elas mesmas não tiverem o desejo de serem bem-sucedidas. Mas quando esse desejo está presente, o processo de dar autoridade e poder é fácil. Como o ensaísta

francês do século dezessete, Jean La Fontaine, escreveu: "O ser humano é feito de tal maneira que, quando algo incendeia a sua alma, as impossibilidades desaparecem".

2. Seja um modelo para as pessoas

Mesmo as pessoas que possuem conhecimento, habilidades e desejo de vencer, precisam saber o que se espera delas, e a melhor maneira para informá-las é mostrar o que se espera. As pessoas fazem aquilo que vêem. Uma pequena parábola, que fala de um menino que morava em uma fazenda na região montanhosa do Colorado, ilustra esse ponto. Um dia o menino subiu a um lugar alto e encontrou um ninho de águia com ovos. Ele pegou um dos ovos enquanto a águia estava fora do ninho, levou-o para a fazenda, e colocou-o sob uma galinha que estava chocando seus ovos.

Os ovos se quebraram um a um, e quando o filhote de águia saiu de sua casca, não tinha razão alguma para acreditar que era algo além de um filhote de galinha. Então ele fazia tudo o que os outros filhotes faziam na fazenda. Ele ciscava no terreno à procura de grãos, fazia o que podia para cacarejar, e mantinha seus pés plantados firmemente no chão, mesmo sendo a cerca em volta do galinheiro da altura de apenas alguns pés.

Isso continuou até que ele se sobressaiu, por seu tamanho, sobre seus supostos irmãos e também sobre sua mãe adotiva. Um dia, uma águia voou sobre o galinheiro. A jovem águia ouviu o som emitido pela águia que voava e viu quando esta investiu sobre um coelho no campo. Neste momento, a jovem águia reconheceu em seu coração que não era como as galinhas no terreiro. Abriu as asas e, antes que pudesse perceber, estava voando atrás da outra águia. Até que tivesse visto alguém de sua espécie voando, não sabia quem ela realmente era e do que era capaz de fazer.

As pessoas a quem se deseja dar autoridade e poder precisam ver o que é voar. Como seu mentor, você tem a melhor oportunidade para lhes mostrar isso. Seja um modelo em atitudes e trabalhe o nível ético que deseja que elas abracem. Todas as vezes que puder incluí-las em seu trabalho, leve-as consigo. Não há melhor maneira para ajudá-las a aprender e compreender o que se deseja que façam.

3. Permita que sejam bem-sucedidas

Como líder e influenciador, deve-se acreditar que todas as pessoas desejam ser bem-sucedidas e automaticamente lutam pelo sucesso, provavelmente como você. Contudo, nem todas as pessoas que você influencia pensam da mesma maneira que você. Ajude outras pessoas a acreditar que são capazes de ter sucesso, e mostrar-lhes que você quer que sejam bem sucedidas. Como se deve fazer isto?

- **Tenha essa expectativa.** O autor e conferencista profissional, Danny Cox, advertiu: "O ponto importante a lembrar, é que se você tiver aquele inspirado entusiasmo, que é contagiante — o que tiver também será contagiante". As pessoas são capazes de sentir a sua atitude fundamental, não importa o que você diga ou faça. Se espera que as pessoas sejam bem sucedidas, elas o saberão.
- **Verbalize.** As pessoas sentem a necessidade de ouvi-lo dizer que acredita nelas e deseja que sejam bem sucedidas. Diga-lhes freqüentemente que sabe que conseguirão. Envie-lhes mensagens encorajadoras. Torne-se um positivo profeta do sucesso delas.
- **Reforce.** Nunca se é capaz de fazer o máximo quando o assunto é acreditar nas pessoas. O especialista em liderança, Fred Smith, tomou por hábito dar às pessoas muito reforço positivo. Ele diz: "Quando reconheço sucessos, tento ampliar o horizonte das pessoas. Eu digo: 'Isso foi extraordinário!' mas não paro aí. No dia seguinte volto, repito o elogio, e digo 'No ano passado, você poderia acreditar que era capaz de fazer isso? Você ficará surpreso com o que poderá fazer no próximo ano' ".

A partir do momento em que as pessoas reconheçerem e compreenderem que você genuinamente quer vê-las bem-sucedidas, e está comprometido a ajudá-las, começarão a acreditar que são capazes de realizar aquilo que lhes tem dado a fazer.

4. Transfira-lhes autoridade

O verdadeiro coração do processo de empowerment é a transferência de sua autoridade – e influência – para as pessoas que está desenvolvendo e ajudando como mentor. Muitas pessoas estão dispostas a dar responsabilidades a outras delegando-lhes tarefas com satisfação. Entretanto, o processo de dar autoridade e poder às pessoas é mais do que compartilhar a sua própria carga de trabalho. É compartilhar seu poder e habilidade de conseguir que as coisas sejam feitas.

O especialista em gerenciamento, Peter Drucker, disse assertivamente: "Nenhum executivo jamais sofreu por ter subordinados fortes e eficientes". As pessoas se tornam fortes e eficientes somente quando recebem a oportunidade de tomar decisões, iniciar ações, resolver problemas e enfrentar desafios. Quando fizer o processo de "empowerment" com outras pessoas, estará ajudando-as a desenvolver a habilidade de trabalhar de maneira independente de sua autoridade. W. Alton Jones deu sua opinião: "Aquele que consegue os mais satisfatórios resultados não é sempre o mais brilhante individualmente, mas aquele que é capaz de coordenar a inteligência e o talento de seus associados".

Quando começar o processo de "empowerment" com as pessoas, dê a elas desafios que saiba que serão capazes de enfrentar e vencer. Isto fará com que se sintam confiantes, e lhes dará a chance de testar sua nova autoridade e aprender a utilizá-la sabiamente. Assim que começarem a ser eficientes, dê-lhes tarefas mais difíceis. Uma boa regra prática é que se uma pessoa puder fazer 80 por cento de um trabalho tão bem quanto você, delegue-o. Afinal, sua meta é capacitar outras pessoas tão bem que elas se tornem capazes de enfrentar praticamente qualquer desafio que venha a seu caminho. E com o passar do tempo, desenvolverão sua própria influência junto a outras pessoas, de maneira que não mais precisarão da sua para serem eficazes.

5. Demonstre publicamente sua confiança nas pessoas

Quando você transferir sua autoridade pela primeira vez às pessoas com quem está trabalhando no processo de "empowerment", é necessário dizer que acredita nelas, e deverá fazê-lo publicamente. O reconhecimento público permite que elas saibam que você acredita que serão bem sucedidas. Mas isso também permite que as outras pessoas com quem elas estão trabalhando saibam que elas têm o seu suporte e que sua autoridade está por detrás delas. Essa é uma maneira tangível de compartilhar (e distribuir) sua influência.

John possui um talento especial no processo de dar autoridade e poder às pessoas, e publicamente mostrar-lhes sua confiança. Ele tem uma interessante estória sobre um de seus maiores sucessos no processo de "empowerment":

> Mencionei no capítulo anterior que Dan Reiland trabalhou comigo por quinze anos. Quando Dan começou a trabalhar comigo, havia sido recentemente graduado no colégio. Possuía muito talento mas precisava ser lapidado. Trabalhei muito com ele – modelando-o, motivando-o, e sendo seu mentor – e em um curto período de tempo ele cresceu a ponto de tornar-se um pastor de primeira categoria.
>
> Em apenas alguns anos, tornou-se um de meus cooperadores-chave. Todas as vezes que tínhamos um novo programa que precisava ser criado e implementado, eu freqüentemente procurava por Dan, dava-lhe o poder necessário para desempenhar aquela tarefa, como também minha total confiança e autoridade. E ele se saia bem. Vezes após vezes, dava-lhe projetos maiores, em que ele pudesse trabalhar no projeto como um todo, implementá-lo, levantar líderes para conduzí-lo e então voltar a mim buscando uma nova tarefa. Ele continuamente se exercitava nos trabalhos.
>
> Em 1989 após seis ou sete anos que Dan havia começado a trabalhar para mim, cheguei ao ponto em que concluí que precisava contratar um pastor exe-

cutivo, para dirigir funções administrativas, e sabia desde o princípio que queria Dan para ocupar essa posição.

Agora sei que quando se levanta um líder dentre um grupo, há sempre ressentimento e resistência de alguns colegas dessas pessoas. Porém, eu tinha uma estratégia. Quando comecei a transferir minha autoridade para Dan, esforcei-me para não perder nenhuma oportunidade de elogiá-lo publicamente, mostrar minha confiança nele, e lembrar a cada um que Dan falava com minha autoridade. Como resultado, o resto da equipe rapidamente se reorganizou em torno dele, e ele recebeu o poder de se tornar seu novo líder.

Quando levantar líderes, mostre a eles e a seus seguidores que possuem sua confiança e autoridade, e verá que eles rapidamente se tornam fortes o bastante para serem bem-sucedidos.

6. *Dê às pessoas informações sobre seu desempenho – o "feedback"*

Embora seja necessário elogiar publicamente as pessoas com quem está trabalhando no processo de "empowerment", não poderá deixar que elas vão muito longe sem dar-lhes informações honestas e positivas sobre o seu desempenho – o "feedback". Reuna-se em particular com elas para ajudá-las em seus próprios erros, suas sugestões erradas e falhas de julgamento. No início, algumas pessoas enfrentarão um período difícil. Durante essa fase inicial, trabalhe como uma fonte de graça para as pessoas. Tente dar-lhes aquilo que necessitam, não o que merecem. Aplauda mesmo o mínimo progresso que alcancem. As pessoas fazem aquilo que traz elogios.

7. *Dê a elas liberdade para que continuem por si mesmas*

Não importa com quem esteja trabalhando no processo de "empowerment" – seus funcionários, filhos, colegas ou cônjuge – sua etapa final de esforço deverá ser dar-lhes liberdade para que tomem boas decisões, e sejam bem sucedidas por si mesmas. Isso significa dar-lhes tanta liberdade quanto possível, assim que estiverem prontas para tal.

O presidente Abraham Lincoln foi um mestre em conduzir seus líderes no processo de "empowerment". Por exemplo, quando designou o general Ulysses S. Grant como comandante das forças armadas em 1864, enviou-lhe a seguinte mensagem: "Não estou perguntando nem desejo conhecer qualquer detalhe sobre seus planos. Tome a responsabilidade e aja, e me chame caso necessite algum tipo de assistência".

Essa é a atitude necessária quando se trabalha com pessoas no processo de "empowerment". Deve-se dar autoridade e responsabilidade e oferecer ajuda à medida que se fizer necessária. John e eu tivemos a sorte de ser conduzidos nesse processo, através de pessoas chave desde nossa infância. Provavelmente a pessoa que foi mais ativa neste processo na vida de John foi seu pai, Melvin Maxwell. Ele sempre encorajou John a ser a melhor pessoa possível, e deu a ele sua permissão e poder sempre que possível. Anos mais tarde, quando conversavam sobre este assunto, Melvin contou a John sua filosofia: "Eu nunca limitei você conscientemente, desde que soubesse que aquilo que estivesse fazendo era moralmente correto". Essa é uma atitude positiva no processo de "empowerment"!

Os Resultados do Processo de "empowerment"

Se você lidera qualquer tipo de organização – um negócio, um clube, uma igreja, ou família – aprender a conduzir outras pessoas no processo de "empowerment", é uma das coisas mais importantes que fará como seu líder. O processo de "empowerment" tem um retorno incrivelmente alto. Ele não apenas ajuda os indivíduos que você está procurando levantar, fazendo-os mais confiantes, com maior energia e mais produtivos, mas também tem a capacidade de melhorar a sua própria vida, dar-lhe liberdade adicional, e promover o crescimento saudável de sua organização.

Farzin Madjidi, encarregado de programas de melhorias para a cidade de Los Angeles, expressou sua crença sobre o processo de "empowerment": "Precisamos de líderes que trabalhem com pessoas no processo de "empowerment", e criem outros líderes. Não é mais o suficiente para um gerente garantir que todos tenham o que fazer e que se esteja produzindo. Hoje em dia, todos os funcionários têm a obrigação de 'comprar' e tomar posse de todas as atividades que estiverem desempenhando. Para encorajar isso, é importante que os funcionários tomem decisões que mais diretamente os afetem. É assim que as melhores decisões são tomadas. Esta é a essência do "empowerment". Quando se atinge esse ponto, a liderança através do "empowerment" talvez seja a única vantagem real que uma organização tenha sobre outra, em nossa sociedade competitiva.

À medida que se conduz pessoas a esse processo, verá que a maioria dos aspectos de sua própria vida mudarão para melhor. Este processo lhe dará mais liberdade pessoal, que resultará em maior tempo livre para as coisas mais importantes em sua vida, elevará a eficácia de sua organização, aumentará sua influência sobre outras pessoas e, melhor que tudo isso, causará um impacto incrivelmente positivo, na vida das pessoas com quem trabalhar no processo de empowerment.

Jim recentemente recebeu uma carta de uma pessoa, em favor de quem passou vários anos trabalhando como mentor, motivando e conduzindo no processo de "empowerment". Seu nome é Mitch Sala, e aqui está a carta:

> Prezado Jim:
>
> Sei que está em processo de escrita de um livro sobre influência, e sinto a necessidade de colocar em tinta e papel a expressão de meu profundo respeito e amor por você e Nancy, e contar-lhes sobre o profundo impacto que tiveram em minha vida.
>
> Sua influência sobre mim começou antes mesmo que nos encontrássemos, quando ouvi pela primeira vez uma de suas fitas. Sua visão, atitude positiva e fé comprometida foram inspiradoras, e a habilidade

de Nancy de colocar a vida e seus obstáculos em sua correta perspectiva me ajudaram a ver meu mundo de uma nova maneira.

Quando lhes observei, senti em vocês uma incrível profundidade de caráter. Admirei essa qualidade e desejei tê-la em mim mesmo. Isso fez com que quisesse conhecer-lhes melhor, para desenvolver nosso relacionamento. Eu nunca antes desenvolvera amizades próximas a então era uma experiência nova para mim.

Como sabem, fui criado na África onde meu pai tem uma grande serraria na floresta. Meu irmão e irmã mais velhos estavam fora, na escola, então eu praticamente cresci sem ter outras crianças à minha volta. Eu era do tipo solitário. Quando tinha oito anos enviaram-me a um colégio interno tradicional. Isso foi bom para minha educação, mas mal para minha auto-imagem. Fez com que me sentisse um perdedor.

Quando adulto aqueles sentimentos me levaram a trabalhar arduamente e tentar provar minha competência, porém ainda me sentia vazio, não importava o que fizesse. Estava fracassando nas coisas de maior significado para mim: Ser um bom marido e pai.

Mas vocês se tornaram uma influência em minha vida na hora certa. Vocês me compreenderam e fizeram-me sentir aceito, a despeito de meus erros e fracassos. Vocês me ajudaram a crescer em minha vida familiar, financeira e espiritual. Tudo mudou em minha vida.

A influência positiva de Jim ajudou Mitch Sala a mudar sua vida. Jim o conduziu pelo processo completo. Ele modelou uma vida íntegra para Mitch, motivou-o e trabalhou como seu mentor. Fez o processo de "empowerment". Com o passar dos anos, Mitch tornou-se um influenciador de categoria mundial. Através de suas empresas, negócios e discursos públicos, ele toca a vida de centenas de milhares de pessoas a cada ano, em mais de vinte países ao redor do mundo. E o melhor de tudo, ele está usando sua influência para levantar mais líderes, que estão aprendendo como influenciar positivamente a vida de muitas outras pessoas. Ele reproduziu sua influência em outras pessoas, que é o assunto do capítulo final deste livro.

Checklist de Influência

REALIZANDO O "EMPOWERMENT" COM OUTRAS PESSOAS

❑ **Dê às pessoas mais do que apenas algo a fazer.** Se você dirige um negócio, um departamento, uma família, uma igreja ou qualquer outro tipo de organização, deve estar provavelmente preparando-se para delegar algumas responsabilidades a outras pessoas. Antes de oficialmente iniciar o processo, planeje cuidadosamente sua estratégia para passar o bastão, usando a seguinte lista de verificação:

Descreva a tarefa: ______________________________
Nome da pessoa a quem dará a atribuição: __________
Que conhecimentos a tarefa exige: ______________
____

A pessoa possui o conhecimento necessário? ❑ Sim ❑ Não
Quais habilidades a tarefa requer?______________
____

A pessoa possui as habilidades requeridas? ❑ Sim ❑ Não

Já definiu como quer que o trabalho seja feito? ❑ Sim ❑Não

Já deu à pessoa autoridade e permissão para que seja bem sucedida? ❑ Sim ❑ Não

Já demonstrou publicamente sua confiança na pessoa? ❑ Sim ❑ Não

Já forneceu à pessoa, de forma particular, o "feedback"? ❑ Sim ❑ Não

Agendou uma data para que a pessoa continue o trabalho por si mesma? ❑ Sim ❑ Não

Repita esse processo para cada tarefa que pretende delegar até que se torne natural. Mesmo quando alguém que você tenha conduzido pelo processo de "empowerment" torne-se bem sucedido e estabelecido em desempenho, continue elogiando, encorajando e mostrando publicamente sua confiança.

10

Uma pessoa de influência ...

Reproduz Outros Influenciadores

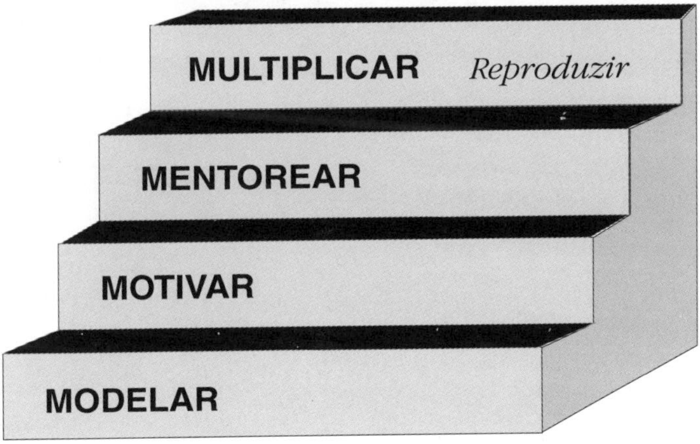

No início deste livro, falamos sobre influenciadores e especificamente a respeito de algumas das pessoas que causaram um impacto em nossas vidas, pessoas como Glenn Leatherwood, que foi a professora de John na escola dominical quando cursava a sétima série – e Jerry e Patty Beaumont, que levaram Jim e Nancy sob suas asas por ocasião do nascimento de Eric. Nossas vidas têm sido repletas de pessoas maravilhosas, que nos têm influenciado. Mas o maior valor tem sido adicionado às nossas vidas pelas pessoas que não apenas nos influenciaram, como também fizeram de nós pessoas que influenciam outras. No caso de John, seu pai, Melvin Maxwell, deu a ele forma e o modelou ao máximo, ajudando-o a tornar-se um líder excepcional. E no caso de Jim, este lugar é provavelmente ocupado por Rich DeVos:

> **Fui criado em uma ótima família. Tínhamos muito amor, mesmo sem ter muito dinheiro. A visão de meu pai a respeito de política e economia era bastante liberal, e seu conselho para mim era que estudasse e conseguisse um bom trabalho. Porém, quando estava na faixa dos vinte anos, ouvi pela primeira vez Rich DeVos, e fiquei como hipnotizado. Ele me apresentou um completamente novo paradigma. Falou sobre a empresa livre, o valor das pessoas como indivíduos, sonhos, liberdade, e "capitalismo compassivo". Também falou sobre sua fé em Deus e encorajou as pessoas a viver com integridade e paixão. Nunca tinha ouvido qualquer filosofia que fizesse tanto sentido, como sua simples mensagem de sucesso pessoal. Fui mudado para sempre.**

Atualmente, é claro, Rich DeVos é um dos mais influentes homens de negócios do mundo. É o fundador e ex-presidente da Amway; é o dono do time Orlando Magic, da NBA; é o presidente da empresa Gospel Films e da DeVos Foundation; freqüentemente é convidado a aconselhar presidentes de empresas e outros líderes influentes em matéria de negócios.

Jim olhou para ele como seu líder e mentor, e através dos anos, veio a chamar Rich de seu amigo.

Rich DeVos compreende o valor de levantar líderes, pessoas que são capazes de tornar-se influenciadoras por seu próprio direito. De alguma maneira, ensinar outras pessoas a tornarem-se líderes é como passar o bastão em uma corrida de revezamento. Se você correr bem, mas for incapaz de passar o bastão a outro corredor, perderá a corrida. Porém, se correr bem, recrute e treine outros bons corredores, aprenda a passar o bastão de forma suave, e será capaz de vencer. No campo da influência, se puder fazer esse processo repetidamente, poderá multiplicar sua influência de maneira incrível.

O Poder da Multiplicação

No trabalho com pessoas que nós dois temos feito, tivemos que aprender a passar o bastão, caso contrário nunca poderíamos ter sido bem-sucedidos. E agora queremos passá-lo a você. Se você se moveu com sucesso através do processo de influenciar pessoas, aprendeu como disputar a corrida. Compreendeu como é importante para você ser um modelo de integridade. Aprendeu a motivar pessoas através de seu cuidado para com elas, acreditando nelas, ouvindo-as, e dando a elas compreensão. Você entende que as pessoas realmente crescem apenas quando se trabalha como mentor para elas. Precisam ser ajudadas a crescer, navegadas através das dificuldades da vida, ligadas, e precisam passar pelo processo de "empowerment". Nesse momento você está participando de uma boa corrida. E se trabalhou como mentor para outras pessoas, colocou-as também agora como participantes da corrida. Mas é tempo de passar o bastão, e se não colocá-lo nas mãos delas, a corrida estará terminada. Não terão porque continuar correndo, e o impulso morrerá com elas.

Essa é a razão pela qual a fase de reprodução no processo de tornar-se uma pessoa de influência é tão importante. Veja alguns benefícios dos líderes criativos de sua organização, que são capazes de não apenas seguí-lo mas também de influenciar outras pessoas e levantá-las:

- **Reproduzir líderes eleva sua influência a um novo nível.** Todas as vezes que você influencia pessoas que não são capazes ou simplesmente não exercem influência sobre outras pessoas, estará limitando a sua própria influência. Porém, quando influencia líderes, influenciará indiretamente todas as pessoas que estes influenciarem. O efeito é a multiplicação. (Esta idéia é tratada em profundidade no livro que John escreveu, intitulado *Developing the Leaders Arround You.*) Quanto maior for a sua influência, maior será o número de pessoas que poderá ajudar.

- **Reproduzir líderes eleva o potencial pessoal dos novos líderes.** Quando se ajuda outros a tornarem-se melhores líderes, está se aumentando o nível do potencial deles. A liderança é a "tampa" na habilidade de uma pessoa realizar e influenciar. Uma pessoa agindo de maneira independente, que não pratica a liderança, é capaz de realizar apenas muito, pessoal e profissionalmente. Contudo, assim que as pessoas compreendem o significado de liderança, e começam a praticar os princípios dela, explodem a "tampa" que limitava o seu potencial pessoal. E se liderarem pessoas que lideram outras, o potencial daquilo que poderão atingir será praticamente ilimitado.

- **Reproduzir líderes multiplica os recursos.** Quando se desenvolve líderes, percebe-se que seus recursos aumentam em valor. Passa-se a ter mais tempo, pois torna-se possível compartilhar a carga e gradativamente delegar autoridade. À medida que as pessoas em seu grupo aprendem a liderar, tornam-se mais sábias e mais valiosas como conselheiras. E ainda como um bônus adicional, você receberá a lealdade pessoal de praticamente todas as pessoas que ajudar a levantar.

- **Reproduzir líderes garante um futuro positivo para a sua organização.** G. Alan Bernard, presidente da empresa Mid Park, Inc., coloca o assunto da formação de líderes em perspectiva: "Um bom líder terá sempre à sua volta aqueles que são melhores do que ele mesmo em determinadas tarefas. Essa é a marca da liderança. Nunca tenha medo de contratar ou gerenciar pessoas que são melhores do que você em determinados trabalhos. Elas serão apenas capazes de fortalecer a sua organização". O desenvolvimento de líderes não apenas fortalece a organização, mas também dá a ela um futuro promissor. Se apenas algumas pessoas na organização forem capazes de exercer a liderança, a organização não será capaz de florescer quando estes se aposentarem, ou se algo lhes acontecer. Talvez ela nem seja capaz de sobreviver.

John teve, em 1995, a oportunidade de ver exatamente como uma organização reage, quando seu líder a deixa após ter suprido e feito o processo de "empowerment" e, como resultado, deixado nela muitos líderes fortes. Seguindo por catorze anos o processo de liderança e de reprodução de líderes na igreja *Skyline Wesleyan Church*, John aposentou-se como pastor-presidente. Ele teve a oportunidade de deixar a organização em uma situação tão boa, que foi possível passar a dedicar-se em tempo integral à sua empresa INJOY, que fornece seminários e material para crescimento em liderança e desenvolvimento pessoal. E o resultado desse movimento? Skyline está muito bem. De fato, cerca de um ano após John se aposentar, recebeu uma nota de Jayne Hansen, uma funcionária da INJOY, cujo marido, Brad, fazia parte da diretoria da Skyline.

Caro John,

Estava pensando sobre a Skyline e como ela tem realmente sido bem-sucedida após sua saída... É absolutamente um tributo ao modelo de liderança e ministério planejado que foi desenvolvido por você. Temos um vivo exemplo daquilo que se costuma dizer: "pratique aquilo que você prega", à medida que se revela e se torna visível o fruto de seu trabalho. Sem dúvida alguma posso afirmar a qualquer pessoa que os princípios que você ensina funcionam. Posso imaginar ser a maior honra para um ser humano colocar sua vida a serviço de algo, depois partir, e esse alvo florescer! Que vergonha seria ter um ministério que morresse em meio à vinha, quando um homem o deixasse.

Obrigada por dedicar sua vida a nosso favor.

Sua amiga,
Jayne

Trabalhar como mentor junto às pessoas e desenvolver o seu potencial de liderança, podem realmente fazer uma grande diferença – para a sua organização, para as pessoas com quem convive e para você mesmo.

Desperte o Multiplicador que Há em Você

Todos nós temos o potencial de multiplicar nossa influência, através do desenvolvimento e reprodução de líderes. Para despertar o multiplicador que está em cada um de nós, devemos fazer com que os seguintes princípios tornem-se parte de nossa vida:

Seja um bom líder para si mesmo

Tornar-se capaz de liderar outras pessoas, começa com liderar-se bem a si mesmo. Não é possível reproduzir aquilo que não possuímos. O empreendedor Truett Cathy, fundador da cadeia de restaurantes "Chick-Fil-A", disse, "A razão número um para o fracasso de líderes, é a sua incapacidade de liderarem-se a si mesmos".

Quando pensamos sobre liderarmo-nos a nós mesmos, muitas qualidades nos vêm à mente: integridade, priorizar corretamente, visão, disciplina pessoal, habilidade para resolver problemas, atitude positiva e outras. O desejo e um plano de trabalho para o desenvolvimento pessoal são capazes de ajudá-lo a cultivar essas qualidades, mas o maior obstáculo a tornar-se um líder será você mesmo. O psicólogo Sheldon Kopp observou sobre esse problema: "Todas as batalhas significativas são disputadas no interior do ser".

Se você ainda não se colocou em um programa para crescimento e desenvolvimento de liderança, comece hoje mesmo. Ouça fitas, participe de conferências. Leia livros esclarecedores. (o livro de autoria de John, *Developing the Leader Within You* é um excelente livro didático elementar para o desenvolvimento da liderança.) Se fizer do crescimento pessoal o seu objetivo da semana, e sua disciplina diária, poderá tornar-se um multiplicador de líderes. Um teólogo do século dezenove, H. P. Liddon viu claramente essa conexão quando declarou: "Aquilo que fazemos em algumas grandes ocasiões, provavelmente dependerá daquilo que já formos; e aquilo que já formos, será resultado de prévios anos de autodisciplina". O desenvolvimento pessoal paga dividendos.

Procure continuamente por líderes potenciais

O ex-técnico-chefe de futebol do time Notre Dame, Lou Holtz, falou de um assunto que conhece bem: "É necessário ter bons atletas para vencer, não me importo com quem seja o técnico". O mesmo é verdadeiro em sua vida pessoal e profissional. Se for trabalhar no processo de multiplicar líderes, serão necessárias boas pessoas com potencial de liderança. O industrial Andrew Carnegie enfatizou que "ninguém que quiser fazer tudo por si mesmo, ou ter todo o crédito para si, formará um grande líder". Eficazes formadores de pessoas estão sempre em busca de líderes potenciais.

Diz-se que "quando o aluno está pronto, o professor aparece". Mas é igualmente verdadeiro que quando o professor está pronto, o aluno aparece. Se continuar a desenvolver-se como líder, logo estará pronto para desenvolver outros. E se quiser ser um grande multiplicador de líderes, deverá buscar e recrutar as melhores pessoas possíveis.

Coloque o time em primeiro lugar

Os grandes desenvolvedores de líderes pensam no bem-estar do time antes de pensar em si mesmos. J. Carla Northcutt, que recebe mensalmente as fitas de John, do INJOY Life Club, declarou: "O objetivo de muitos líderes é levar as pessoas a considerar mais o próprio líder. O objetivo de um grande líder é ajudar as pessoas a considerarem-se mais a si mesmas".

Bill Russell foi um talentoso jogador de basketball. Muitos o consideram como um dos melhores jogadores em time, na história do basketball profissional. Russell observou: "A maneira mais importante de medir meu desempenho em uma partida, é o que fiz para que os colegas de meu time jogassem melhor". Essa é a atitude necessária para tornar-se um grande multiplicador de líderes. O time deve vir em primeiro lugar.

Você se considera alguém que trabalha em equipe? Responda a cada uma das seguintes questões, para saber em que ponto se encontra quando o assunto é promover o bem do time:

SETE PERGUNTAS PARA UMA BEM-SUCEDIDA ORIENTAÇÃO DE UM TIME

1. Agrego valor a outras pessoas?
2. Agrego valor à organização?
3. Sou rápido em distribuir os créditos quando as coisas vão bem?
4. Nosso time tem consistentemente agregado novos membros?
5. Utilizo meus "melhores" jogadores o máximo possível?
6. Muitas pessoas no time tomam consistentemente importantes decisões?
7. A ênfase de nosso time está mais voltada a criar vitórias do que produzir estrelas?

Se respondeu "não" a algumas dessas perguntas, precisará estar disposto a reavaliar a sua atitude para com o time. Já foi dito que "O melhor de todos os líderes é o que está disposto a desenvolver as pessoas a tal ponto que, se possível, tornem-se melhores do que ele ou ela, em seus conhecimentos e habilidades". Essa deverá ser a meta daqueles que multiplicam sua influência, através do desenvolvimento de líderes.

Comprometa-se com o desenvolvimento de líderes e não de seguidores

Acreditamos que nosso país enfrenta hoje uma crise de liderança. Não faz muito tempo, lemos um artigo no "New Republic" que tratava deste assunto. Em determinado ponto se lia: "Há duzentos anos, uma pequena república, à beira do deserto, repentinamente produziu pessoas como Jefferson, Hamilton, Madison, Adams, e outros, não obstante a população total fosse de apenas três milhões de pessoas. Hoje, temos mais de duzentos milhões de pessoas. Onde estão as pessoas brilhantes? Deveríamos ter sessenta Franklins em uma estória ilustrativa sobre liderança. A nossa busca foi em vão".

Ralph Nader, advogado especializado na área do direito do consumidor e fundador da instituição "Center for Responsive Law", declarou: "A função de um líder é produzir mais líderes, e não mais seguidores". Talvez há duzentos anos, as pessoas compreendessem melhor esse assunto. Hoje, produzir líderes não é uma prioridade para muitas pessoas. Além disso, desenvolver outro líder não é sempre fácil ou simples, especialmente para as pessoas que são líderes natos. Como o especialista em gerenciamento, Peter Drucker, observou: "As pessoas que excedem seu desempenho em determinada área, raramente são capazes de explicar como fazer para alcançar esses resultados".

Por esta razão é importante para uma pessoa que deseja levantar outros líderes, estar comprometida com a tarefa. Já dissemos antes e repetiremos aqui: "todas as coisas podem progredir ou fracassar dependendo da liderança". Quando uma pessoa levanta líderes e trabalha com eles no processo de "empowerment", causará um impacto positivo em sua própria vida, em sua própria organização, nas pessoas que está desenvolvendo e em todas as pessoas com quem tiver contato. Reproduzir líderes é a tarefa mais importante de qualquer pessoa que influencia a vida de outras. Se quiser causar um impacto, deverá comprometer-se a desenvolver líderes.

MOVENDO-SE DA MANUTENÇÃO PARA A MULTIPLICAÇÃO

Muitas pessoas vivem no modo manutenção. Sua maior meta é evitar perda de terreno ao invés de tentar progredir. Porém, esse é o nível mais inferior de vida em se tratando do desenvolvimento de pessoas. Se deseja causar impacto, deverá esforçar-se ao máximo para tornar-se um multiplicador. Veja os cinco estágios que existem entre a manutenção e a multiplicação, a começar pelo mais inferior:

1. Engatinhar

Cerca de 20 por cento de todos os líderes vivem no nível mais baixo do processo de desenvolvimento. Não estão fazendo nada para desenvolver as pessoas em sua organização, e como resultado, seu nível de atrito é tão alto que extrapola os gráficos. Parece que não são capazes de manter ninguém que selecionam e contratam. Esta é a razão pela qual dizemos que estão no estágio de "engatinhar" – gastam a maior parte de seu tempo lutando para tentar encontrar pessoas, para substituir aquelas que eles perderam. Talvez você conheça alguns proprietários de pequenos negócios que parecem permanecer no estágio "engatinhar". O ânimo em sua organização permanece baixo, e não leva muito tempo para que se queimem por exaustão.

2. Sobrevivência

O próximo estágio na escada do desenvolvimento é o modo sobrevivência. Neste, os líderes não fazem nada para desenvolver o seu pessoal, mas gerenciam de maneira a manter sua equipe. Cerca de cinqüenta por cento de todos os líderes organizacionais trabalham dessa maneira. Suas organizações são medianas, seus funcionários insatisfeitos, e ninguém está desenvolvendo o seu potencial pessoal. Ninguém realmente se beneficia deste modo de trabalhar com a liderança. Cada um meramente sobrevive dia a dia, sem muitas promessas ou esperanças de futuro.

3. Sifão

Cerca de dez por cento de todos os líderes trabalham para fazer de seu pessoal melhores líderes, mas negligenciam a construção de seu relacionamento com eles. Como resultado, seus líderes potenciais deixam a organização em busca de outras oportunidades. Em outras palavras, são "sifonados" para fora da organização. Esse fato freqüentemente leva à frustrações por parte do líder, porque outras pessoas se beneficiam de seu esforço, e obrigatoriamente gastará muito tempo no processo de substituição.

4. Sinergia

Quando os líderes constroem fortes relacionamentos, desenvolvem pessoas para tornarem-se bons líderes, trabalham com elas no processo de "empowerment" para que alcancem o seu potencial – e são capazes de mantê-las na organização – algo maravilhoso acontece. É frequentemente chamada de sinergia, significando que o todo é maior do que a soma de suas partes, porque as partes interagem bem em conjunto e criam energia, progresso e impulso. Uma organização que esteja no nível de sinergia possui moral alto e alto nível de satisfação no trabalho. Todos são beneficiados. Apenas cerca de 19 por cento de todos os líderes alcançam este nível, mas aqueles que o alcançam são geralmente considerados os melhores que existem.

5. Significância

Muitas pessoas que alcançam o nível sinergia nunca tentam ir além, porque não se dão conta de que são capazes de dar mais um passo no processo de desenvolvimento, e este seria em direção do nível de "significância". Líderes neste nível desenvolvem e reproduzem outros líderes que permanecem na organização, trabalham para atingir seu potencial, e a seu tempo desenvolvem líderes. E é aí que a influência realmente se multiplica. Apenas um por cento de todos os líderes chegam a esse nível, mas aqueles que o alcançam são capazes de atingir um crescimento e um potencial de influência praticamente sem limites. Um grupo de líderes funcionando continuamente no nível de significância é capaz de causar um impacto de proporções mundiais.

Como Levantar Líderes que Gerem Outros Líderes

Em um artigo publicado pela *Harvard Business Review*, o autor, Joseph Bailey, examinou o que era necessário para tornar-se um executivo bem sucedido. Conduzindo sua pesquisa, entrevistou mais de trinta executivos do mais alto nível, e descobriu que cada um deles aprendeu, no início de sua carreira, de alguém que trabalhou com eles como mentor.[1] Se desejar levantar líderes que gerem outros líderes, será necessário ajudá-los como seu mentor. Nos contaram que nas salas de atendimento de emergência dos hospitais, a equipe de enfermagem costuma dizer: "Assista uma vez, pratique uma vez, ensine uma vez". Isso se refere à necessidade de aprender rapidamente uma técnica, lançar-se ao trabalho e aplicar estes conhecimentos ao cuidar de um paciente e, então, voltando-se, passar a técnica a outro profissional de enfermagem. O processo de trabalhar como mentor para desenvolver líderes funciona de maneira similar. Ele acontece quando alguém toma líderes sob suas asas, os desenvolvem, trabalha com eles no processo de "empowerment", compartilha com eles como podem se tornar pessoas de influência, então liberam-nas para sair e levantar outros líderes. Toda vez que alguém fizer isto, estará plantando sementes para um sucesso maior. E como advertiu o novelista Robert Louis Stevenson: "Não julgue cada dia pela colheita que fizer, mas pela semente que plantou".

Agora você já sabe o que é necessário para tornar-se uma pessoa de influência, para influenciar positivamente a vida de outras pessoas. Ser um influenciador significa ...

- Ser um modelo de integridade para com cada pessoa com quem tiver contato.

- Cuidar das pessoas que fazem parte de sua vida, fa zendo com que elas se sintam valorizadas.
- Mostrar que acredita nas outras pessoas de tal maneira que acreditem em si mesmas.
- Ouvir as pessoas de forma que se possa construir seu relacionamento com elas.
- Entender as pessoas de tal maneira que seja capaz de ajudá-las a realizar seus sonhos.
- Fazê-las crescer para que possam aumentar o seu potencial.
- Navegar com as pessoas através das dificuldades da vida até que elas sejam capazes de fazê-lo por si mesmas.
- Ligar-se às pessoas de tal maneira que seja capaz de movê-las a um nível mais alto.
- Conduzir as pessoas pelo processo de "empowerment", para que se tornem as pessoas que foram criadas para ser.
- Reproduzir outros líderes para que a sua influência con tinue a crescer através de outros.

Através dos anos, Jim e eu temos trabalhado arduamente para fazer desse processo mais do que um conjunto de princípios ou um método de trabalho. Temos procurado fazer do ato de investir em outras pessoas, um modo de vida. E à medida que o tempo passa, continuamos trabalhando para nos tornar melhores desenvolvedores de pessoas. Nossa recompensa tem sido ver o impacto que temos feito na vida de outras pessoas. Ouça a seguinte estória de Jim:

Uma das maiores recompensas por se tornar uma pessoa de influência, é que você em pouco tempo vê a vida de outras pessoas mudar diante de seus olhos. Contei-lhe no capítulo anterior a respeito de Mitch Sala, a quem vi florescer como uma pessoa de impacto. Porém, o que não lhe contei é que Mitch tornou-se mais do que apenas um influenciador; ele mesmo passou pelo processo completo de desenvolvimento, e atualmente é também um grande gerador de influenciadores.

> Uma de suas maiores estórias de sucesso, é a de um homem chamado Robert Angkasa. Robert é nascido na Indonésia, possui um MBA da Universidade de Sydney, e trabalhava no Citibank, onde chegou à posição de vice-presidente em Jakarta quando tinha trinta anos de idade.
>
> Robert sempre trabalhou arduamente. Conseguiu estudar à custa de trabalhar como motorista de táxi, trabalhando em cozinhas de restaurantes e limpando estádios após concertos. Porém, há alguns anos, ele encontrou Mitch Sala. Mitch tomou Robert sob suas asas, motivou-o, foi seu mentor e conduziu-o pelo processo de "empowerment" para que se tornasse uma pessoa de influência.
>
> Robert costuma dizer: "O ponto de mudança em minha vida aconteceu quando encontrei Mitch. A princípio, tudo que percebi foi que ele era uma pessoa amável. Entretanto, quanto mais tempo gastava com ele, mais me dava conta de que gostaria de ser como ele, mesmo continuando a ser eu mesmo. Mitch me ensinou que o caminho para o sucesso era através da integridade e do trabalho árduo. Hoje estou saboreando a doçura de uma nova vida. Tenho desfrutado da segurança financeira que vem do trabalho árduo, porém mais que isto, tenho me tornado uma pessoa melhor. O prazer que sinto por ajudar outras pessoas é enorme e me proporciona grande satisfação. Sou uma pessoa melhor, um marido melhor e um homem de família. Devo a Mitch muito daquilo que hoje sou. Ele é para mim um mentor, um amigo, um pai. Agradeço a Deus diariamente por todas as suas bênçãos que recebi através de Mitch. E o que estou procurando fazer agora é ser para outras pessoas o que ele tem sido para mim. Quero ajudar outras pessoas a ter uma vida melhor. As palavras "muito obrigado" não parecem ser suficientes, mas são as melhores que posso encontrar".

Atualmente Robert influência a vida de milhares de pessoas em toda Indonésia, Malásia, China e Filipinas. Ele é um dos vários líderes-chaves de negócios com quem Mitch está trabalhando como mentor. A influência de Robert continua a crescer diariamente.

Meu amigo, você possui o mesmo potencial que Robert Angkasa, Mitch Sala ou Jim Dornan. Você é capaz de tornar-se uma pessoa de influência e causar impacto na vida de muitas pessoas. Porém a decisão é sua. Você é capaz tanto de desenvolver a sua influência potencial, como de permitir que ela permaneça não realizada. Jim entregou o bastão para Mitch. Mitch encontrou Robert e o ensinou a correr. Ele foi bem sucedido ao entregar o bastão para Robert, e agora ele está correndo. Existe mais uma vaga — e o bastão está pronto. Agora é a sua chance. Estenda a sua mão, pegue o bastão, e conclua a corrida que somente você é capaz de correr. Torne-se uma pessoa de influência, e mude o seu mundo.

Checklist de Influência

REPRODUZINDO OUTROS INFLUENCIADORES

❑ **Desenvolva o seu próprio potencial de liderança.** A maneira de se preparar para ensinar outras pessoas sobre liderança é continuar a desenvolver o seu próprio potencial de liderança. Se você ainda não se colocou em um plano pessoal para crescimento, comece hoje. Selecione fitas, livros e revistas que revisará semanalmente durante os três próximos meses. O crescimento somente virá se fizer dele um hábito.

❑ **Encontre pessoas com potencial para liderança.** À medida que você continuamente contribui para o crescimento, e trabalha no processo de "empowerment" das pessoas que estão à sua volta, algumas emergirão como líderes potenciais. Escolha a pessoa de maior potencial para que faça com ela um trabalho especial como mentor, e converse com ele ou ela a respeito do desenvolvimento de maiores habilidades de liderança. Somente prossiga se a pessoa quiser ser ajudada em seu desenvolvimento, e concordar em ser o mentor de outras pessoas em futuros processos de liderança.

❑ **Ensine a pessoa a ser um líder, não apenas realizar tarefas.** Dê à pessoa completo acesso a você e gaste o tempo necessário para modelar sua liderança. Dedique tempo a cada semana para aumentar o potencial de liderança da pessoa, através de ensino, compartilhando recursos, enviando ele ou ela a seminários, e assim por diante. Faça tudo o que estiver a seu alcance para ajudar aquela pessoa a alcançar o seu potencial de liderança.

❑ **Multiplique.** Quando a pessoa se tornar um bom líder, ajude-a a escolher alguém, para que ela seja o mentor dessa nova pessoa na área de liderança. Libere-as para que trabalhem juntas, e encontre para si mesmo um novo líder potencial, de forma que possa continuar repetindo o processo.

Notas

Introdução

1. John C. Maxwell. *Developing the Leader Within You* (Nashville: Thomas Nelson, 1993), 5 – 12.
2. Brad Herzog, *The Sports 100: The One Hundred Most Important People in American Sports History* (New York: MacMillan, 1995),7.

Capítulo 1

1. Stephen R. Covey. *The Seven Habits of Highly Effective People: Restoring the Character Ethic* (New York: Simon and Schuster, 1989).
2. Provérbios 22.1 NIV.
3. Donald T. Phillips. *Lincoln on Leadership: Executive Strategies for Tough Times* (New York: Warner Books, 1992), 66 – 67.
4. Bill Kynes, "A Hope That Will Not Disappoint," citado em Best Sermons 2 (New York: Harper and Row, 1989), 301.

Capítulo 2

1. Everett Shostrom, *Man the Manipulator.*
2. Bits and Pieces.
3. Jack Canfield e Mark Victor Hansen, "All the Good Things,"em Chicken Soup for the Soul (Deerfield Beach, Fla.: Health Communications, 1993), 126 – 28.
4. Arthur Gordon, "The Gift of Caring," em A Touch of Wonder.
5. Greg Asimakoupoulos, *Icons Every Pastor Needs,* Leadership, outono 1993, 109.
6. Dennis Rainey e Barbara Rainey. *Building Your Mate's Self-Esteem* (Nashville: Thomas Nelson, 1993).

Capítulo 3

1. 1 Samuel 17.32-37 NIV.

Capítulo 4

1. Citado por Fred Barnes em *New Republic*
2. David Grimes, (Sarasota, Florida) Herald-Tribune.
3. Brian Adams, *Sales Cybernetics* (Wilshire Book Co., 1985), 110.
4. Eric Allenbaugh, *Wake-up Calls* (Austin: Discovery Publications, 1992), 200.

Capítulo 5

1. M. Michael Markowich, *Management Review*, citada em Behavioral Sciences Newsletter.
2. Art Mortel, *How to Master the Inner Game of Selling,* vol. 10, nº 7.
3. Eclesiastes 4.9-12 NIV.
4. Robert Schuller, ed., *Life Changers* (Antiga Tappan, N.J.: Revell).

Capítulo 6

1. Citado em Og Mandino, *The return of the Ragpicker*.

Capítulo 7

1. Saturday Review.
2. Citado no comercial, Esquire.
3. Mortimer R. Feinberg, *Effective Psychology for Managers.*
4. *The Top Problems and Needs of Americans*, Ministry Currents, Janeiro – Março 1994.
5. Tim Hansel, *Holy Sweat* (Waco: Word,1987), 134.
6. Ernie J. Zelinski, *The Joy of Not Knowing It All* (Edmonton, Alberta, Canada: Visions International Publishing, 1995), 114.
7. David Armstrong, *Managing by Storying Arround,* citado em The Competitive Advantage.

Capítulo 8

1. Tom Peters e Nancy Austin, *A Passion for Excellence.*
2. Charles B. Ruth, *The Handbook of Selling* (Prentice-Hall).

3. Florence Littauer, *Personality Plus* (Grand Rapids: Revell, 1983), 24 – 81.
4. Carl Sandberg, *Lincoln: The Prairie Years*.

Capítulo 9

1. The Nordstrom Way, 15 – 16.

Capítulo 10

1. Joseph Bailey, *Clues for Success in the President's Job*, Harvard Business Review (edição especial), 1983.